ENSEIGNEMENT ÉLÉMENTAIRE

COURS
DE
LANGUE FRANÇAISE

RÉDIGÉ D'APRÈS LE

PROGRAMME DES ÉCOLES PUBLIQUES
DU DÉPARTEMENT DE LA SEINE

Par M. FLORIOT

Instituteur communal

PARIS
LIBRAIRIE DE L'ENFANCE ET DE L'ADOLESCENCE
J. BRARE, Éditeur
6, PLACE SAINT-MICHEL, 6
Et rue de l'Hirondelle, 10

Tableau synoptique de Géométrie, Carte murale, à l'usage, par A. F. DAIX, Inst. comm., offic. d'Acad.
Nos examens (33 cartes et texte), par J. BRARE

A LA MÊME LIBRAIRIE

LE TRÉSOR DE L'ENFANCE
Par H. HUBE et J. BRARE
Nouveau cours d'enseignement à l'usage des élèves des écoles élémentaires des deux sexes, comprenant :

1° Le PREMIER LIVRE, 1re Partie, la LECTURE, l'ÉCRITURE, répétant chaque leçon en caractères main et en cursive.
2° Le PREMIER LIVRE, 2e Partie, LECTURE et ÉC. (romain et cursive).
3° PREMIER LIVRE DE RÉCITATION (exercices mémoire, vers et prose).
4° PREMIER LIVRE D'OR, premières lectures courantes, nombreuses gravures.
5° PREMIÈRE HISTOIRE SAINTE, illustrée de grands sujets.
6° PREMIÈRE HISTOIRE DE FRANCE, illustrée de 12 grands sujets et 2 cartes.
7° VIE DE JÉSUS-CHRIST.
8° PREMIÈRE GÉOGRAPHIE.
9° PREMIER ATLAS, 17 cartes muettes et écrites.
10° PETITE GÉOGRAPHIE-ATLAS, cartes et textes en regard.
11° PREMIÈRE GRAMMAIRE FRANÇAISE, avec nombreux exercices.
12° PREMIÈRE ARITHMÉTIQUE, avec plus de 1000 exercices et problèmes.

LE TRÉSOR DE L'ADOLESCENCE
Nouveau cours d'enseignement à l'usage des élèves des classes intermédiaires des deux sexes, comprenant :

1° LE SECOND LIVRE D'OR.
2° LE SECOND LIVRE DE RÉCITATION, pros.
3° L'HISTOIRE SAINTE des examens.
4° L'HISTOIRE DE FRANCE des examens.
5° LA GÉOGRAPHIE GÉNÉRALE des examens.
6° LA GÉOGRAPHIE-ATLAS des examens (32 cartes et texte).
7° L'ARITHMÉTIQUE-PROBLÈMES des examens.
8° PETITE ALGÈBRE des écoles primaires par A. DAIX
9° LA 1re GÉOMÉTRIE PRATIQUE, par WARLUZEL.
10° LA GRAMMAIRE FRANÇAISE des examens.
11° PETIT MANUEL DE DROIT COMMERCIAL à l'usage de lectures courantes.

TABLEAU SYNOPTIQUE DE GÉOMÉTRIE
A L'USAGE DES ÉCOLES PRIMAIRES
Par A.-F. DAIX, Instituteur, officier d'Académie

ENSEIGNEMENT ÉLÉMENTAIRE

COURS
DE
LANGUE FRANÇAISE

Rédigé d'après le

PROGRAMME DES ÉCOLES PUBLIQUES

DU DÉPARTEMENT DE LA SEINE

Et accompagné

DE NOMBREUX EXERCICES D'APPLICATION ET D'INVENTION

Par M. FLORIOT

Instituteur communal

EXERCICES

PARIS

LIBRAIRIE DE L'ENFANCE ET DE L'ADOLESCENCE

J. BRARE, Éditeur

6, PLACE SAINT-MICHEL, 6

Et rue de l'Hirondelle, 20

DIVISION EN LEÇONS

Exercices d'application, d'invention et d'analyse.

Chaque chapitre de la Grammaire fait ici l'objet de vingt-trois leçons; chacune est suivie d'un exercice. C'est donc au moins une leçon et un devoir pour tous les jours classiques du mois. Des révisions y sont sans cesse ordonnées. De plus, les onze chapitres forment les onze mois de l'année scolaire. Les enfants peuvent donc voir toute la grammaire en un an. Nous n'avons pas la prétention de faire croire que tous la sauront, mais ceux qui recommenceront une seconde fois ne le feront qu'avec plus de facilité, et partant avec plus de fruits.

Devoirs et Leçons : Conseils généraux.

Chaque leçon récitée sera suivie d'un devoir corrigé le lendemain. La leçon du jour suivant sera non-seulement indiquée, mais développée pour qu'elle soit comprise plus facilement. Le maître expliquera le devoir en présence de tous les élèves qui le feront autant que possible chez leurs parents.

Dans la correction, les règles sur lesquelles l'exercice est donné seront de nouveau développées.

Les petites dictées faites à l'école auront autant que possible pour but l'application des règles que l'enfant doit voir dans le mois. Les explications et les interrogations orales surtout viseront ce point.

GRAMMAIRE. — EXERCICES

CHAPITRE Ier

LEÇON 1. — N°s 1 et 2 *de la Grammaire.*

DEVOIR.

Copiez sur cahier, au point de vue d'une bonne calligraphie, le paragraphe suivant :

Mes chers enfants, vous commencez l'étude de Grammaire. C'est une science qui a pour vous beaucoup d'attrait, mais qui renferme de nombreuses difficultés. Nous vous en prévenons, afin que vous preniez la résolution ferme de bien travailler.

LEÇON 2. — N°s 3 et 4 *de la Grammaire.*

DEVOIR.

(*Suite du précédent.*) Copiez sur cahier le paragraphe suivant :

Vos maîtres vous rendront cette étude le plus facile possible : ils iront lentement, reviendront souvent sur leurs pas, vous donneront des devoirs très-courts et vous expliqueront les règles avant même de vous les faire apprendre. De la sorte, vous arriverez au but que vous vous proposez : bien parler et écrire avec peu de fautes.

LEÇON 3. — N°s 5 et 6 *de la Grammaire.*

DEVOIR.

Écrivez 5 fois les 26 lettres de l'alphabet.

LEÇON 4. — N⁰ˢ 7 et 8 de la Grammaire.

DEVOIR.

Copiez l'exercice suivant, et mettez la lettre V sous les *voyelles*, comme au modèle ci-dessous.

MODÈLE. Les voyelles sont au nombre de six.
   v   vvv v v vv v   v v v

Les Consonnes sont au nombre de vingt.
 v v v v v vv v v v v

    Veillez sur moi quand je m'éveille,
    Bon ange, puisque Dieu l'a dit ;
    Et chaque nuit, quand je sommeille,
    Penchez-vous sur mon petit lit.

LEÇON 5. — *Revoir les* N⁰ˢ 1, 2, 3, 4, 5, 6, 7, 8.

DEVOIR.

Copiez l'exercice suivant en laissant, comme dans le modèle précédent, une ligne d'intervalle pour mettre C sous toutes les *consonnes*. Pour plus de facilité, espacez l'écriture.

    Parlez-moi le long du chemin,
    Et pendant que je vous écoute;
    De peur que je ne tombe en route,
    Bon ange, donnez-moi la main.

LEÇON 6. — N⁰ˢ 9, 10 et 11.

DEVOIR.

1° Distinguez par V les *voyelles* de l'exercice suivant;

2° Copiez une seconde fois, et distinguez les *consonnes* par la lettre C.

Même disposition qu'à la leçon 4ᵉ.

Moïse nous raconte comment Adam et Ève furent punis de leur désobéissance aux ordres de Dieu.

LEÇON 7. — N°ˢ 12, 13 et 14.

DEVOIR.

Mettez 1° V sous les *voyelles* ;
2° C sous les *consonnes*, comme dans l'exercice précédent.

La Bible nous apprend que tous les premiers hommes, à l'exception de Noé et de sa famille, périrent par le déluge universel.

LEÇON 8. — N°ˢ 15 et 16.

DEVOIR.

Distinguez par A les accents *aigus*, par G les accents *graves*, et par C les accents *circonflexes*, en se conformant à la disposition suivante :

Père, régler, pâte.
  g   a   c

Le café, la fête, la carrière, la tête, lui-même, l'été, les époques, les idées, le général, un génie, une vérité, une prière, l'arrêt, le rôti, le poêle, le calorifère, la soupière, les pièces, le succès, l'évêque.

LEÇON 9. — N°ˢ 17 et 18.

DEVOIR.

Distinguez les *e muets* par E. M. en suivant la disposition du devoir précédent.

Le livre que les enfants aiment le mieux lire est celui qui renferme le plus d'historiettes appropriées à leur âge.

La Gaule, vaincue par les Romains, fut heureuse pendant les deux premiers siècles.

Je me dispose à écrire ; viens, nous ferons nos devoirs ensemble.

LEÇON 10. — *Revoir les N^os* 1, 2, 3, 4, 5, 6, 7, 8.

DEVOIR.

Distinguez les *é fermés* par E. F. Même disposition que dans l'exercice précédent.

J'ai été étonné de vos réponses lors du dernier examen : vous avez prouvé à vos amis ce que peut amener un travail persévérant.

Enfants, sachez que vous ne devez jamais cacher la vérité.

Une pensée pieuse vous a inspirés, et vous êtes arrivés pour soulager cet infortuné.

LEÇON 11.

Revoir les N°s 9, 10, 11, 12, 13, 14, 15, 16, 17, 18.

DEVOIR.

Distinguez les *è ouverts* par E. O.

Les meilleurs procès sont à redouter ; ils amènent des querelles, créent mille ennuis à ceux qui les entreprennent et ne rapportent jamais rien.

Les forêts, les taillis même ont été battus pour découvrir cette bête féroce.

Dieu est encore appelé l'Être suprême.

Les fêtes furent parfaitement célébrées.

LEÇON 12. — *N^os* 19, 20 et 21.

DEVOIR.

Distinguez par E. M. les *e muets*, par E. F. les *é fermés*, et par E. O. les *è ouverts*.

Même disposition qu'à la suite de l'exercice 8.

Les vertus humbles, semblables à de modestes violettes, embaument ici-bas le foyer domestique. Peut-être formeront-elles un jour un diadème de gloire pour les hommes qui les auront aimées, honorées et presque cultivées.

J'ai été informé hier du congé de demain.

LEÇON 13. — N° 22.
DEVOIR.

Indiquez le nombre de syllabes de chaque mot en suivant la disposition ci-dessous.

L'un des plus grands capitaines dont
 1   1   1   1   4   1
honore la France,
  3   1   2

L'un des plus grands capitaines dont s'honore la France, Turenne, sut toujours, au milieu des occupations les plus graves, trouver le temps et les moyens de remplir ses devoirs religieux.

LEÇON 14. — N°s 23, 24 et 25.
DEVOIR.

Copiez les phrases suivantes, comptez les mots de chacune, et après le point, écrivez-en le nombre en chiffres.

Ne faites pas à autrui ce que vous ne voudriez pas qu'on vous fît.

Un bienfait que l'on reproche est un bienfait perdu.

Honorez toujours vos parents.

L'eau, en tombant goutte à goutte, finit par creuser la pierre.

Un frère est un ami précieux donné par la nature.

LEÇON 15 — N° 26.
DEVOIR.

Mettez V sous chaque *voyelle*, et C sous chaque *consonne*. Espacez les lettres et les mots :

MODÈLE. On a beau se cacher.
         v c   v   c v v v   c v   c v c c v c

On a beau se cacher, Dieu voit tout. Pécher en

secret, ce n'est pas moins faire le mal. Gardons-nous donc de déplaire au Seigneur qui nous récompensera ou nous châtiera un jour.

LEÇON 16.

Revoir du numéro 1 au numéro 14 inclus.

DEVOIR.

Mettez V sous chaque *voyelle*, et C sous chaque *consonne*.

Même disposition que dans l'exercice précédent.

Mes enfants, conservez toujours gravé dans votre cœur ce proverbe si vrai : La mauvaise plaie se guérit, la mauvaise renommée ne se guérit point.

LEÇON 17.

Revoir du numéro 15 au numéro 26 inclus.

DEVOIR.

Indiquez par E. M. les *e muets*, par E. F. les *e fermés*, et par E. O. les *e ouverts*.

Même disposition qu'à la suite de la leçon 8.

Les portes sont faites pour pénétrer dans les appartements, et les fenêtres pour les éclairer.

Le bœuf a la tête très-forte.

Que de problèmes posés par la nature sont encore à résoudre !

L'homme a su réduire à un petit nombre les espèces de plantes nuisibles ; il a au contraire prodigieusement multiplié toutes les espèces utiles.

LEÇON 18. — N°s 27 et 28.

DEVOIR.

Copiez 5 fois les 10 espèces de mots.

LEÇON 19. — N°ˢ 29 et 30.

DEVOIR.

Indiquez le nombre de syllabes de chacun des mots suivants.

Même disposition qu'à la suite de la leçon 13ᵉ.

Les Arabes regardent le chameau comme un présent du ciel, un animal sacré sans le secours duquel ils ne pourraient ni subsister, ni commercer, ni voyager.

Le lait des chameaux fait leur nourriture ordinaire ; ils en mangent aussi la chair.

LEÇON 20. — N° 31.

DEVOIR.

Copiez 3 fois les 10 espèces de mots.

LEÇON 21.

Revoir du numéro 1 au numéro 21 inclus.

LEÇON 22.

Revoir du numéro 22 au numéro 31 inclus.

LEÇON 23.

Interrogations sur tout le premier chapitre.

Devoirs pour ces trois leçons.

A la volonté du maître.

Les exercices qui ont été mal faits pourront servir de devoirs pour la 21ᵉ, la 22ᵉ et la 23ᵉ leçon.

CHAPITRE II

LEÇON 24. — *N° 32 de la Grammaire.*

DEVOIR.

Tous les mots qui suivent sont des noms. Écrivez sur votre cahier, à la suite l'un de l'autre :

1° Les mots qui désignent des personnes ;
2° Les noms qui désignent des animaux ;
3° Les noms qui représentent des choses.

REMARQUE. *Nous ne faisons pas écrire ces exercices en colonnes à cause de la difficulté qu'éprouvent les enfants de partager proprement leur papier. De plus, le nombre des noms de personnes, d'animaux et de choses n'étant pas le même, il resterait des vides dans une ou deux colonnes, ce qu'il est bon de faire éviter aux enfants. Chaque maître d'ailleurs fera suivre le mode qui lui paraîtra le meilleur.*

Homme, livre, chien, enfant, femme, balai, oiseau, table, règle, ami, ennemi, serin, moineau, alouette, fille, mère, cahier, plume, père, frère, sœur, encrier, papier, chaise, fauteuil, journal, cour, arbre, plante, fleur, famille, Jean, Jules.

LEÇON 25. — *N° 32 à propos duquel des explications semblables à celles qui le précèdent seront données.*

DEVOIR.

Écrivez à la suite l'un de l'autre :

1° Les noms suivants représentant des personnes.
2°   id.   id.   animaux.
3°   id.   id.   choses.

Paul, Jacques, chat, souris, rat, jeu, potage, soupe, lait, café, vin, bière, lampe, chandelle, bougie, bureau, planche, porte, peinture, menuiserie, maçonnerie, peintre, menuisier, maçon, violon, flûte, piano, orgue, tambour, fromage, mouchoir, cravate, loup, renard.

LEÇON 26. — *N° 32 que le professeur expliquera de nouveau.*

DEVOIR. — |INVENTION.

Indiquez :
1° Huit noms exprimant des personnes ;
2° Huit — — animaux ;
3° Huit — — choses en général.

REMARQUE. *Choisissez des noms faciles à écrire.*

LEÇON 27. — *Comme la précédente.*

DEVOIR. — INVENTION.

Indiquez :
1° Cinq noms exprimant des couleurs ;
2° Cinq — — arbres ;
3° Cinq — — plantes ;
4° Cinq — — fruits ;
5° Cinq — — instruments de musique.

LEÇON 28. — *N° 33.*

DEVOIR.

Copiez l'exercice suivant et tirez un trait sous tous les noms.

MODÈLE. — La pluie et le soleil fertilisent la terre.

Gaston et Eugène s'amusent et travaillent ensemble : leurs joujoux, leurs livres, leurs plumes, leurs crayons n'ont pas de maître particulier : ils appartiennent à tous les deux.

Caïn et Abel, quoique frères, ne vécurent pas toujours en bonne intelligence.

Sem, Cham et Japhet, fils de Noé, furent sauvés du déluge.

Mathusalem est l'homme qui vécut le plus longtemps.

LEÇON 29. — *Revoir les N°s 32 et 33.*

DEVOIR.

Tirez un trait sous tous les noms.

Les animaux ne sont point, comme l'homme, exposés aux rigueurs de la saison ; ils ont reçu de la nature une robe épaisse qui les dispense de se couvrir de vêtements. L'homme, au contraire, naît nu, et se revêt d'une chemise, d'un pantalon, d'un paletot, d'une cravate et de différents autres objets. Il protége ses pieds par des souliers, des bottes, des bottines, etc.

LEÇON 30. — *N° 34.*

DEVOIR.

Tirez un trait sous tous les noms.

C'est du soleil que nous viennent la lumière et la chaleur.

Les brebis, les agneaux même, nous fournissent de la laine en abondance.

Le chat est un animal d'un caractère faux, et ce vice augmente avec l'âge.

Les saints n'ont mérité le Ciel qu'en se faisant violence.

Sainte Blandine mourut à Lyon avec un enfant nommé Ponticus, et saint Denis à Montmartre avec un grand nombre de ses compagnons.

LEÇON 31. — N° 34.

DEVOIR.

Copiez à la suite l'un de l'autre :
1° Les noms qui désignent des personnes ;
2°   id.   id.   des animaux ;
3°   id.   id.   des choses.

Les enfants s'amusent souvent avec des objets de peu de valeur, et s'ennuient parfois à côté des jouets les mieux choisis, tels que chiens, chevaux, ânes, mulets, moutons artistement terminés.

Les hommes qui rendent les plus grands services à leur patrie ne sont certainement pas les inventeurs des engins de guerre : je leur préfère de beaucoup les citoyens qui ont doté le monde d'une seule plante utile.

LEÇON 32. — *Revoir les N°s 32, 33 et 34.*

DEVOIR.

Écrivez les noms de personnes, d'animaux, de choses, comme dans l'exercice précédent.

La viande du porc entre pour beaucoup dans la nourriture des habitants de nos campagnes.

Certains oiseaux, tels que le corbeau, le moineau, la pie, passent l'hiver dans notre contrée ; d'autres nous quittent à l'automne et reviennent au printemps.

L'Arabe, à l'aide du chameau, franchit les lacunes de la nature.

Le lion a la figure imposante, le regard assuré, la voix terrible, la démarche fière. Sa voix n'est point excessive comme celle de l'éléphant et du rhinocéros.

LEÇON 33. — N° 35.

DEVOIR.

Transcrivez l'exercice suivant en n'écrivant que sur toutes les deuxièmes lignes du cahier. Puis distinguez les *noms communs* par N. C., et les *noms propres* par N. P.

MODÈLE. — La Russie est la plus grande
              n. p.
contrée de l'Europe.
  n. c.   *n. p.*

Clovis et Dagobert sont les rois les plus célèbres des Mérovingiens.
L'Océanie est une réunion d'îles situées dans l'océan Pacifique entre l'Asie et l'Amérique.
La Seine est un fleuve qui prend sa source dans le département de la Côte-d'Or, arrose entre autres villes Bar-sur-Seine, Nogent-sur-Seine, Paris, Rouen et se jette dans la mer de la Manche.

LEÇON 34. — N° 35.

DEVOIR.

Même travail que dans l'exercice précédent.

Une rivière est un cours d'eau qui se jette dans un fleuve ou dans une autre rivière.
La Marne se jette dans la Seine à Charenton.
Avant l'arrivée des Européens dans le Nouveau-Monde, les Américains ne connaissaient ni le chien, ni le cheval, ni le mouton, ni aucun de nos animaux domestiques.
Les croisades eurent lieu sous la race des Capétiens directs.

LEÇON 35. — *Revoir les N°s 34 et 35.*

DEVOIR.

Même travail que dans la leçon 33e.

Louis VI avait pour ministre l'abbé Suger qui, après la deuxième croisade entreprise par Louis VII, reçut le glorieux nom de Père de la patrie.

Sept villes se sont disputé l'honneur d'avoir vu naître Homère.

La loi de Moïse permettait aux Juifs de rendre œil pour œil et dent pour dent.

Jésus-Christ mourut pour racheter les hommes.

LEÇON 36. — *N° 36.*

DEVOIR.

Même travail.

Nota. *Dans la correction, l'élève dira de vive voix pourquoi tel mot est un nom, pourquoi il est commun ou propre.*

Ex. *Louis XII diminua les impôts.* L'enfant dit : *Louis, nom propre. C'est un nom, parce qu'il nomme une personne ; il est propre, parce qu'il ne convient pas à tous les hommes.* Et ainsi à chaque nom.

Ce changement, cet adoucissement dans le naturel du lion, indiquent assez qu'il est susceptible des impressions qu'on lui donne, et qu'il doit avoir assez de docilité pour s'apprivoiser jusqu'à un certain point et pour recevoir une espèce d'éducation : aussi l'histoire nous parle de lions attachés à des chars de triomphe, de lions conduits à la guerre, et qui, fidèles à leur maître, ne déployaient leur force et leur courage que contre ses ennemis.

LEÇON 37. — N° 37.
DEVOIR.

Même exercice en particulier et de vive voix.

On a vu souvent le lion dédaigner de petits ennemis, mépriser leurs insultes et leur pardonner des libertés offensantes ; on l'a vu réduit en captivité, s'ennuyer sans s'aigrir, prendre au contraire des habitudes douces, obéir à son maître, flatter la main qui le nourrit, donner la vie à ceux qu'on avait voués à la mort en les lui jetant pour proie, et souffrir plutôt la faim que de perdre le fruit de son premier bienfait.

LEÇON 38. — *Revoir du N° 1 au N° 14 inclus.*
DEVOIR.

Distinguez les *voyelles* par la lettre V, et les *consonnes* par la lettre C.

Même disposition qu'à la suite de la leçon 15e.

Les Français descendent des Gaulois et des Francs. Ce sont ces derniers qui ont chassé les Romains, sont devenus possesseurs de la Gaule et amis des premiers habitants.

LEÇON 39. — *Revoir du N° 15 au N° 26 inclus.*
DEVOIR.

Distinguez les trois sortes d'E comme à la fin de la leçon 12e.

Une dame étant un jour au chevet d'une de ses filles, qu'un abcès intérieur mettait en danger de mort, s'écria dans l'excès de son désespoir : « Mon Dieu, rendez-la-moi et prenez tous mes autres enfants ! — Les gendres en sont-ils ? » lui répondit un intéressé. La malade elle-même se mit à rire et l'abcès creva. Elle fut sauvée.

LEÇON 40. — *Revoir du N° 27 au N° 31 inclus*
DEVOIR

Indiquez le nombre de syllabes de chaque mot.
Même disposition qu'à la suite de la leçon 13.

— Une servante présentait à son maître le mémoire du mois. Celui-ci, s'apercevant qu'il y avait pour trente francs de lait, en témoigne sa surprise : « Monsieur ne sait donc pas qu'il n'y a rien qui monte comme le lait ? »

LEÇON 41. — N° 32.
DEVOIR

Dans l'exercice suivant, les noms propres n'ont pas la lettre majuscule; l'élève, en transcrivant, la rétablira.

— L'italie, la france, la suisse sont des contrées de l'europe.
— L'élève charles, qui a bien travaillé pendant tout le mois, occupera la première place de sa division.
— Le roi clovis est regardé comme le fondateur de la monarchie en france.
— Le jeune david tua d'une pierre le géant goliath.
— Le mont hékla est un volcan de l'islande.

LEÇON 42. — N°ˢ 33 *et* 34.
DEVOIR

Rétablissez les majuscules dans les noms propres.

— Les principaux juges d'israël sont : gédéon, jephté, samson, héli et samuel.
— Le vieillard éléazar souffrit la mort avec courage.
— Les sept frères macchabées périrent avec leur mère victimes de la persécution d'antiochus.

Le fils préféré de jacob, joseph, fut acheté par des ismaélites qui le vendirent à putiphar, intendant du roi pharaon.

LEÇON 43. — *N°s 35, 36 et 37.*

MÊME DEVOIR.

La plupart des départements de la france ont reçu leurs noms des montagnes qui les traversent ou des cours d'eau qui les arrosent : tels sont ceux des basses-alpes, des hautes-alpes, des basses-pyrénées, des hautes-pyrénées, des vosges, du jura, des ardennes; de la seine, de la loire, de la gironde, du rhône, de la somme, de l'orne, de l'oise, de la marne, de l'eure, du cher, du gers.

LEÇON 44. — *N°s 38 et 39.*

DEVOIR.

Rétablissez les majuscules dans les noms propres.

Le siècle de louis XIV est appelé le grand siècle, parce qu'il a été illustré par une foule de grands administrateurs, tels que colbert, louvois, lamoignon, d'aguesseau; de grands prédicateurs comme bossuet, fénelon, fléchier; de grands écrivains et de grands artistes, corneille, racine, boileau, la fontaine, molière, lesueur, lebrun.

LEÇON 45 et LEÇON 46. — *Révision générale.*

Adresser aux élèves des questions prises dans les deux chapitres, et particulièrement sur ce qui a présenté le plus de difficultés.

Devoirs pour ces 2 jours

A la volonté du maître.
Les exercices mal faits peuvent servir pour ces deux leçons.

CHAPITRE III

LEÇON 47. — *Nos 40 et 41 de la Grammaire.*

DEVOIR. — INVENTION.

Citez : 8 noms d'hommes,
8 noms de femmes,
8 noms d'animaux mâles,
8 noms d'animaux femelles,

LEÇON 48. — *No 42.*

DEVOIR.

Mettez devant chaque nom les mots *un* ou *une*.

Commerce, bête, récolte, plaine, année, chien, cheval, dromadaire, papa, nation, religion, chrétien, délégué, lac, mer, frontière, golfe, baie, détroit, cap, montagne, fleuve, rivière, livret, caisse, soupière, tableau, fauteuil, avenir, fin, soif, jeunesse, tablette, chêne, sapin, ville, chaîne, population.

LEÇON 49. — *No 43.*

DEVOIR.

Mettez devant chaque nom les mots *le* ou *la*.

Description, terre, rapport, géographie, cosmographie, corps, révolution, mouvement, vitesse, division, soustraction, multiplication, production, convention, peuple, gouvernement, race, religion, soleil, planète, distance, chèvre, sentiment, victoire, foire, librairie, place, troupeau, tempérament, naturel, rayon.

LEÇON 50. — *Revoir les N°s 40, 41, 42 et 43.*

DEVOIR.

Mettez devant chaque nom les mots *un* ou *une*.

Peuple, joug, occasion, domination, homme, caractère, concours, roi, complot, secret, lundi, mardi, mercredi, moment, cloche, fidèle, français, rue, mois, massacre, nouvelle, vengeance, chevalerie, clef, héros, foule, noble, drapeau, prince, sang, supplice, vigueur, couronne, amiral, marin, flotte, rivage, témoin, désastre, temps.

LEÇON 51.

Revoir de nouveau les N°s 40, 41, 42 et 43.

DEVOIR.

Mettez devant chaque nom les mots *le* ou *la*.

Jeudi, vendredi, samedi, dimanche, force, chronique, combattant, défilé, siége, résultat, campagne, fatigue, maladie, retraite, jour, maison, fruit, guerre, pain, lettre, compte, cité, visage, règne, querelle, matelot, pays, mariage, prétention, crime, matière, droit, nature, pouvoir, loi, don, supérieur, supériorité, corps, résistance, maître, végétal.

LEÇON 52. — *N°s 44 et 45.*

DEVOIR. — INVENTION.

Citez : 5 noms masculins de fleurs ;
5 noms féminins de fruits ;
5 noms masculins d'animaux domestiques ;
5 noms féminins d'animaux sauvages ;
5 noms masculins d'oiseaux ;
5 noms féminins de meubles.

LEÇON 53. — N° 46.

DEVOIR. — INVENTION.

Citez : 5 noms masculins de personnes ;
5 noms féminins de personnes ;
5 noms masculins d'animaux ;
5 noms féminins de choses ;
5 noms masculins d'arbres ;
5 noms féminins de plantes.

LEÇON 54. — *Revoir les N°s 44, 45 et 46.*

DEVOIR. — ANALYSE.

Désignez la nature et le genre de chaque mot. C'est un commencement d'analyse.

MODÈLE. — PAUL, nom propre, masculin. MAISON, nom commun féminin.

Table, cahier, Charles, messe, plume, balai, casquette, foulard, Paris, chapeau.

LEÇON 55. — N° 47.

DEVOIR.

Copiez l'exercice suivant en passant une ligne sur le cahier. Puis mettez la lettre S (singulier) sous les noms singuliers, et la lettre P (pluriel), sous les noms pluriels.

MODÈLE. — Le chat, les tables.
              s.   *p.*

la poire,   les pommes.
s.   *p.*

Les eaux, l'alouette, le lever du soleil, Paul et Virginie, le beau, l'utile, l'agréable, la soie, les branches, les troncs, les belles actions, le bienfait, la chose, les ailes, le bien, le vrai, les mensonges, la vérité, la tache, les trous, les brebis et les loups, l'étude, les moments, les heures, les fleurs, le fruit, le grain, l'or, l'argent, le fer, l'airain, les collines, les torrents, les règnes.

LEÇON 56. — *Revoir les N°s 44, 45 et 46.*
DEVOIR.

Mettez S sous les noms singuliers, et P sous les noms pluriels.

Même disposition que dans l'exercice précédent.

Les îles de l'Océanie, les familles des proscrits, la fureur du vainqueur, les centaines d'habitants, Dieu, la patrie, la société, la famille, le reptile, un insecte, le missionnaire, la fertilité du terrain, le coteau et la vallée, les piliers de l'église, le toit de la maison, la chaumière du pauvre, l'hôtel du riche, les convulsions de la nature, les habitants du voisinage, un câble, des planches.

LEÇON 57. — *Revoir les N°s 44, 45, 46 et 47.*
DEVOIR.

Distinguez par S les noms singuliers, et par P les noms pluriels.

Des nuages d'un noir cuivré, des milliers d'oiseaux de mer, les mâts du bâtiment, la retraite sur le rivage, la violence du vent, les flots, la hauteur de la tour, des pierres et des cailloux, l'ancre du navire, la pièce de monnaie, la population des villes, les plaisirs de la jeunesse, les soucis de l'âge mûr et les chagrins de la vieillesse. J'ai lu la description du palais d'Hérode, du prétoire et de la maison où le Seigneur fit la Cène avec ses disciples.

LEÇON 58.

Revoir de nouveau les N°s 44, 45, 46 et 47.
DEVOIR. — ANALYSE.

Désignez la nature, le genre et le nombre de chaque nom. C'est faire une analyse.

MODÈLE. — Le livre. LIVRE, nom commun, masculin singulier.

— Les tables. TABLES, nom commun, féminin pluriel.

Le jeu, les hommes, les fortunes, le village, la ville, les oiseaux, les chevaux, les voitures, les bœufs, le singe.

LEÇON 59. *Revoir les n*^{os} *40, 41, 42 et 43.*

DEVOIR. — ANALYSE.

Analysez les noms suivants, comme dans l'exercice précédent.

Les acteurs, les anges, les démons, la fête, la trappe, le palais, les mystères, la plume, les phrases, le plaisir.

LEÇON 60. — *N*^{os} *48 et 49.*

DEVOIR. — ANALYSE.

Analysez les noms suivants.

La commission, les renseignements, une envie, le rival, les louanges, les suffrages, la garantie, les tapis, la foi, le prêtre.

LEÇON 61. — *N*^{os} *50 et 51.*

DEVOIR. — ANALYSE.

Analysez les noms suivants.

Les morceaux, le désespoir, la prune, les confitures, le pain, les viandes, la grâce, la noblesse, les copies, les formes.

LEÇON 62. *Revoir du n° 40 au n° 51.*

DEVOIR.

Distinguez les voyelles par la lettre V, et les consonnes par la lettre C.

Même disposition qu'à la suite de la leçon 15e.

La ville de Paris s'est prodigieusement embellie depuis cinquante ans; les personnes qui l'ont quittée alors, ont été, en la revoyant, saisies d'admiration.

LEÇON 63. *Revoir du n° 1 au n° 18 inclus.*

DEVOIR.

Distinguez les trois sortes d'E comme à la suite de la leçon 12e.

Jusqu'à présent, les personnes atteintes de cécité, c'est-à-dire d'aveuglement, se sont désespérées, regardant comme le plus grand malheur d'être privées de la clarté du ciel.

Quels que soient nos vices actuels, je crois que nous nous sommes améliorés, ne fût-ce que sous le rapport des procédés.

LEÇON 64.

Revoir du n° 19 à la fin du 1er chapitre.

DEVOIR. — INVENTION.

Citez : 8 noms communs du masculin singulier;
      8   id.   id.   pluriel;
      8   id.   féminin singulier;
      8   id.   id.   pluriel.

LEÇON 65. *Revoir le 2ᵉ chapitre.*

DEVOIR. — INVENTION.

Citez : 8 noms propres du masculin singulier ;
   8 id. féminin id.
   8 id. masculin pluriel ;
   8 id. féminin id.

LEÇON 66.

Revoir une nouvelle fois le 2ᵉ chapitre.

DEVOIR.

Rétablissez la majuscule dans les noms propres.

Les villes principales de la suisse sont : berne, bâle et genève.

La ville de vienne, en autriche, est située sur le danube comme paris sur la seine.

La france, pendant la guerre de cent ans, fut battue à crécy, à poitiers, à azincourt ; duguesclin et jeanne d'arc écrasèrent au contraire les anglais ; et les fameuses victoires de ormigny et de castillon les chassèrent du sol de la france.

LEÇON 67. *Revoir le 3ᵉ chapitre.*

DEVOIR. — ANALYSE.

Analysez les noms suivants.

La cheminée, les angles, la rotonde, le parc, les neveux, les oncles, la vie, la mort, Paris, la Russe.

LEÇON 68 et **LEÇON 69.**

RÉVISION GÉNÉRALE.

Devoirs : *A la volonté du professeur.*

Nota. Dès ce moment, les élèves doivent être exercés de vive voix à la conjugaison des verbes : verbe avoir, verbe être et les modèles des quatre conjugaisons.

CHAPITRE IV

LEÇON 70. — *N° 52 de la Grammaire.*

DEVOIR.

Mettez au pluriel les noms suivants en faisant précéder chacun d'eux du mot *les*.

Le livre, la plume, la règle, le crayon, le cahier, la table, le bâton, le pavé, la rue, la cour, le balai, le banc, la fenêtre, la porte, le poêle, la cloison, la carte, la bibliothèque, l'horloge, l'homme, l'enfant, la route, la persienne, le volet, la jalousie, la lampe, la bougie, la statue, la burette, la tasse, la poupée, la bouteille, la chaise, le fauteuil.

LEÇON 71. — *N° 53.*

DEVOIR.

Mettez les noms suivants au pluriel en faisant précéder chacun d'eux du mot *les*.

Le mépris, le fils, la fois, la voix, la noix, la poix, le boiteux, le malheureux, le peureux, la brebis, le surplis, le tamis, le semis, le sens, le gaz, le nez, le mois, le riz, la perdrix, l'atlas, le remords, le secours, le concours, le discours, le parcours, le cours, le velours, le crucifix, le villageois, l'engrais, la paix, le palais, le succès, le congrès.

LEÇON 72. — *Revoir les n°s 52 et 53.*

DEVOIR.

Mettez les noms suivants au pluriel.

La lettre, la dame, la causerie, la fille, l'intérêt, le titre, l'immortalité, le propos, le héros, la saillie, la plume, la pensée, la recherche, la réunion, le trésor, l'amitié, l'amour, l'embarras, le tapis, le recueil, la correspondance, le modèle, le style, la femme, la pomme, la poire, la cerise, la framboise, le radis, le rang.

LEÇON 73. — *N° 54.*

DEVOIR.

Mettez les noms suivants au pluriel.

Le rideau, le poteau, le barreau, le barbeau, le carreau, le ciseau, le carpeau, le seau, le fourreau, le traîneau, le bureau, le tuyau, le veau, le berceau, le tombeau, le caveau, le taureau, le chevreau, le lapereau, le hameau, l'oiseau, l'eau, le cerceau, le château, le moineau, le préau, le cadeau, le jeu, le feu, le lieu, l'adieu, le cheveu, l'alleu.

LEÇON 74. — *N°s 55 et 56.*

DEVOIR.

Mettez les noms suivants au pluriel.

Le clou, le trou, le brou, l'écrou, le coucou, le filou, le bijou, le caillou, le verrou, le sou, le bambou, le sapajou, le pou, le chou, l'acajou, l'amadou, le genou, le joujou, le cou, le licou, le hibou, le fou.

LEÇON 75. — N°ˢ 55 et 56.

DEVOIR.

Mettez les noms au pluriel.

La dragée, le porc, l'automne, le bœuf, la chienne, la chatte, la conversation, le clou, le canezou, le verrou, le levraut, la sœur, le faisan, le coq, l'aloyau, le noyau, le tableau, le moyeu, le pieu, le dindonneau, l'agneau, le piano, la scie, l'appartement, le gâteau, le manteau, le paletot, le seau, le hameau, le hoyau, le coucou.

LEÇON 76, Revoir les n°ˢ 52, 53, 54, 55 et 56.

DEVOIR.

Les noms sont au pluriel. Ecrivez-les au singulier en faisant précéder chacun d'eux du mot un ou du mot une.

Les mélodies, les scènes, les docteurs, les sciences, les études, les échecs, les mondes, les secrets, les poisons, les poissons, les lièvres, les étudiants, les fenêtres, les chants, les champs, les souffrances, les larmes, les projets, les tableaux, les bandeaux, les louveteaux, les vœux, les adieux, les palais, les salsifis, les riz, les nez, les bijoux, les trous, les soucis, les rubis.

LEÇON 77. — N°ˢ 57 et 58.

DEVOIR.

Mettez les noms au pluriel.

Le détail, le gouvernail, le portail, le vitrail, l'épouvantail, le poitrail, le bail, le corail, l'é mail, le soupirail, le vantail, le travail, le vitrail, un rail, un camail, un sérail, l'attirail, l'ail.

Ensuite copiez deux fois les noms en *ail* qui font leur pluriel en *aux*.

LEÇON 78. — N°s 57 *et* 58.

DEVOIR. — INVENTION.

Les noms sont au pluriel. Écrivez-les au singulier en faisant précéder chacun d'eux du mot *un* ou du mot *une*.

Les superstitions, les pensées, les vols, les duvets, les cerveaux, les flocons, les fils, les vents, les fictions, les images, les sables, les habitudes, les rideaux, les eaux, les tréteaux, les souris, les tamis, les semis, les jeux, les moyeux, les faisceaux, les plants, les bancs, les genoux, les coucous, les poux, les détails, les baux, les soupiraux, les voix, les esprits, les croyances.

LEÇON 79. *Revoir les n°s 55, 56, 57 et 58.*

DEVOIR. — ANALYSE.

Mettez les noms au pluriel.

La vertu, le docteur, la loi, le géant, le neveu, le filleul, le parrain, la marraine, le gaz, la voix, le plateau, le vallon, la vallée, le houx, le bijou, l'amadou, le cou, l'époux, le prix, la croix, le concours, le puits, le phénix, le camail, le sérail, le poitrail, l'aloyau, le bail, la ferraille, le palais, la brebis, la lieue, le lieu.

LEÇON 80. — N°s 59 et 60.

DEVOIR.

Mettez l'exercice au pluriel.

Nota. Dans la correction, le maître fera dire, pour chaque nom, la règle de formation du pluriel qui le concerne.

Ainsi, l'enfant épelle : les CAHIERS, c-a-h-i-e-r-s; lui faire dire alors : je mets un s, parce que CAHIERS est un nom au pluriel, et que l'on forme le pluriel dans les noms en y ajoutant un s.

Un deuxième élève épelle : les BATEAUX, b-a-t-e-a-u-x; il ajoute : je mets un x, parce que bateaux est un nom au pluriel, et que les noms en AU et en EU prennent un x au pluriel.

Le cahier, la plume, le crayon, le livre, la table, l'encrier, le rubis, le mois, la voix, la noix, la croix, le riz, le nez, le chevreau, le bedeau, la peau, le vœu, le cheveu, le jeu, le trou, le fou, le bambou, le bijou, le genou, le pou, le camail, le sérail, le poitrail, le bail, le soupirail, le travail.

LEÇON 81. — N°s 59 et 60.

DEVOIR.

Mettez les noms au pluriel.

Le bocal, le général, le caporal, le métal, le journal, le confessionnal, le végétal, le minéral, le national, le cardinal, un canal, un signal, le cordial, le cristal, le quintal, le capital, le

...cipal, le vassal, l'original, le provincial, le madrigal, le bal, le cal, le carnaval, le chacal, le régal, le festival.

LEÇON 82.

Revoir les n°s 55, 56, 57, 58, 59 et 60.

DEVOIR.

Mettez les noms au pluriel.

Le jour, la couche, le jugement, le rayon, la rosace, le vitrail, la flamme, le bois, l'outil, l'autel, l'hôtel, la douleur, la loi, le lieu, le criminel, le remords, la nuit, le païen, l'esclave, le chrétien, le bail, le corail, l'émail, le portail, le détail, le clou, l'amadou, le bambou, la croix, le bijou, le caillou, le chou.

LEÇON 83. *Revoir du n° 52 au n° 60 inclus.*

DEVOIR.

Les noms sont au pluriel. Écrivez-les au singulier en les faisant précéder du mot *un* ou du mot *une*.

Les panthères, les airs, les regards, les mouvements, les cris, les dogues, les voix, les chiens, les langues, les dents, les ongles, les peaux, les anneaux, les taches, les roses, les poils, les queues, les tournures, les voyageurs, les choux, les bestiaux, les provinces, les cavaliers, les natures, les caractères, les soins, les précautions, les sauts, les morceaux, les agneaux, les chevreaux, les temps, les pluies.

LEÇON 84. — Nos 61, 62 et 63.

DEVOIR.

Mettez les noms au pluriel.

La campagne, la parole, le miracle, la vérité, le fondement, le bassin, le réservoir, le robinet, la cannelle, la leçon, la montagne, la femme, le ciel, le sein, le peuple, la pratique, la vertu, la confiance, la richesse, la vigilance, le mariage, la virginité, le miracle, l'esprit, la forme, l'œil, la matière, l'hiver, le temple, le portique, l'œuvre, le père, la mère, la chose, la pierre, l'aïeul, la main, la vie.

LEÇON 85. *Revoir du n° 52 au n° 63 inclus.*

DEVOIR.

Mettez les noms au pluriel.

L'armoire, le placard, le cachot, la présence, le prêtre, le docteur, la loi, l'écriture, le dépôt, la science, la population, l'œuvre, le père, la mère, la chose, la pierre, la main, la vie, la voie, la parabole, le prix, l'époux, l'univers, le dos, le poireau, le veau, l'arbrisseau, le faisceau, le museau, le coteau, le milieu, l'aveu, le preux, l'avis, le couteau, le chevreau, le roseau, le salsifis, le cadenas, le festin, l'estropié, l'infirme, la miséricorde, la vengeance, l'épaule, la pénitence.

LEÇON 86. *Révision de tout le 1er chapitre, c'est-à-dire du n° 1 au n° 31 inclus.*

DEVOIR.

Mettez les noms au pluriel.

Le cabas, le tamis, la souris, l'os, le corps, le

taffetas, le pays, la toux, le pois, la vis, le parent, la république, la naissance, la règle, le cheveu, l'essieu, le neveu, l'aveu, le créneau, le bateau, le fléau, le deuil, le seuil, le coucou, le joujou, le hibou, le loup, le radis, le feu, la brebis, le retour, le jour, le four, la cour, le velours, l'attirail, le gouvernail, la paille, le ciel, l'œil, l'aïeul, le vassal, le cheval, le festival, le bétail.

LEÇON 87. *Révision du 2ᵉ chapitre, c'est-à-dire du n° 32 au n° 39 inclus.*

DEVOIR.

Citez : 5 noms communs représentant des professions manuelles ;

5 noms communs représentant des fournitures classiques ;

5 noms communs représentant des objets du mobilier scolaire ;

5 noms propres d'hommes célèbres dans l'histoire de France ;

5 noms propres tirés de la Géographie.

LEÇON 88. *Révision du 3ᵉ chapitre, c'est-à-dire du n° 40 au n° 51 inclus.*

DEVOIR.

Analysez les noms suivants. (*Voir le modèle de la leçon 58.*)

Les oranges, la cloison, le chien, les chattes, la casserole, les paroles, le portrait, les noix, les plumes, le juge.

LEÇON 89. *Révision du 4ᵉ chapitre, c'est-à-dire du nᵒ 52 au nᵒ 63 inclus.*

DEVOIR.

Mettez les noms au pluriel.

Le soupirail, le vantail, le travail, le vitrail, le genou, le bétail, le joujou, le hibou, le pou, le caveau, le carreau, le tonneau, l'escargot, le moineau, le vœu, le feu, le cheveu, la pie, le pic, la boue, la houe, le compas, le combat, la paix, le froid, le rouage, le chêne, le salon, le tombeau, la cloison, le cheval, le soupirail, le niveau, le lapereau, le tour.

LEÇON 90. — *Révision du 4ᵉ chapitre, c'est-à-dire du nᵒ 52 au nᵒ 63 inclus.*

DEVOIR.

Les noms sont au pluriel. Rétablissez-les au singulier en les faisant précéder du mot *le* ou du mot *la*.

Les fauteuils, les patois, les rameaux, les peaux, les monceaux, les pastoureaux, les radeaux, les rabots, les arts, les peuples, les phrases, les artisans, les cadenas, les cadences, les ménagères, les chansonnettes, les hommes, les fanfares, les espoirs, les accents, les rêveries, les romances, les musiques, les méditations, les artistes, les passants, les occupations, les voix, les esprits, les croyances, les cerneaux.

LEÇON 91, LEÇON 92. — *Interrogations à volonté sur les 4 chapitres.*

Devoirs de ces deux jours : *facultatifs*.

CHAPITRE V

LEÇON 93. — *Nos 64 et 65 de la Grammaire.*

DEVOIR

Tous les noms sont écrits au singulier. Quand le sens l'exige, donnez-leur la forme du pluriel.

La force du lion se marque par les saut et les bond qu'il fait aisément, par la facilité avec laquelle il remue ses gros sourcil, montre des dent menaçantes, et tire une langue armée de pointe si dures, qu'elle suffit pour écorcher la peau et entamer la chair sans le secours des dent ni des ongle qui sont, après les dent, ses arme les plus cruelles.

LEÇON 94. — *Nos 66, 67 et 68.*

DEVOIR.

Donnez la forme du pluriel aux noms suivants, quand le sens l'exige.

Les lionne qui ont des lionceau se jettent sur les homme et les animal qu'elles rencontrent, et apprennent de bonne heure à leurs petit à sucer le sang et à déchirer la chair.

Les feu qu'on appelle des fanal éclairent les vaisseau pendant la nuit.

Deux braves pompier ont été blessés dans cet incendie, par des clou sortis des poutre.

LEÇON 95. — N°s 69 et 70.

DEVOIR. — ANALYSE.

Analysez les articles et les noms suivants.

MODÈLE. — Le fruit du jardin.

Le   art. simple, masc. singulier, détermin. fruit.
fruit nom comm., masc. sing.
du   art. contr., masc. sing., détermin. jardin.
jardin. nom comm., masc. sing.

La fleur du cerisier. Les chiens des chasseurs. Le loup au piége.

LEÇON 96. — N°s 71 et 72.

DEVOIR.

Mettez, devant chaque nom, un des articles LE, LES, L'.

Balai, table, tigre, espèce, panthère, air, œil, regard, mouvements, voix, sou, or, cri, dogue, pot, animaux, militaires, chaise, franc, pièce, argent, marche, coussins, peau, proie, léopard, face, monnaies, billets, dents, aïeul, oreille, bouche, festivals, oiseaux, prunes, chevaux, canaux, opération, alinéa.

LEÇON 97. — N°s 73 et 74.

DEVOIR.

Remplacez le tiret par un des articles DU, DES, AU, AUX.

Je viens — grenier et je vais — jardin. Nos martyrs refusèrent de sacrifier — idoles. La tigresse exprime sa douleur par — cris forcenés et — hurlements affreux. Les prières — sage s'élèvent — cieux pour implorer la protection — Dieu de miséricorde. La Laponie ne reçoit — soleil que — rayons obliques. Le chant — coq matinal appelle — travaux champêtres les habitants — campagnes.

LEÇON 98. — N°s 75 et 76.

DEVOIR.

Soulignez les adjectifs qualificatifs.

Les tables neuves; le papier blanc; la chatte grise; les enfants polis; les chiens savants; les animaux sauvages; les charbons ardents; le ciel bleu; le raisin mûr; la tisane amère et rafraîchissante; le bois sec, dur et noueux; les jeux instructifs et amusants; ces immenses prairies sont vertes, de larges ruisseaux les arrosent et entretiennent la fraîcheur nécessaire.

LEÇON 99. — *Revoir du n° 64 au n° 70 inclus*

DEVOIR.

Soulignez les adjectifs qualificatifs.

Une lumière trop vive, un feu trop ardent, un trop grand bruit, une odeur trop forte, un mets insipide ou grossier, un frottement dur, nous blessent ou nous affectent d'une façon désagréable.

Les yeux de l'homme sont ordinairement noirs, ou bleus, ou grisâtres, ou bruns.

Le vrai chrétien n'est ni vindicatif, ni injuste, ni intempérant, ni fanatique.

Le riche ne doit être ni prodigue, ni avare.

LEÇON 100. — *Revoir les n°s 71, 72, 73 et 7*

DEVOIR.

Tous les noms sont au singulier. Donnez-leur la forme du pluriel, quand le sens l'exige.

Les principaux outil des menuisier sont : le rabot, les doucine, les équerre, les compas, les perçoir, les marteau, les lime, les râpe, les fermoir, les presse, les sergent, les réglet.

Les pou indiquent souvent un enfant malpropre.

Les éventail de mes sœur et les cristal posés sur ma cheminée viennent de la Chine.

La lumière du gaz m'a occasionné souvent de violents mal d'œil.

LEÇON 101. — *N°s 77, 78, 79 et 80.*

DEVOIR.

Soulignez les adjectifs qualificatifs.

Les différentes productions; les êtres végétants ou inanimés; les objets extérieurs; ces divers matériaux feront un ouvrage parfait et d'un

...ande solidité; les végétaux et les minéraux ont des rapports communs; le minéral est une matière brute, insensible et inactive; les qualités intérieures et extérieures; l'homme le plus stupide peut conduire l'animal le plus intelligent; toute forte secousse et tout ébranlement violent nous causent une douleur plus ou moins vive.

LEÇON 102. — N°s 81, 82, 83 et 84.

DEVOIR. — INVENTION.

Faites précéder chaque nom d'un adjectif démonstratif.

Glace, face, cristaux, lame, couteaux, surface, rôle, dent, commode, écorce, cerisier, feuille, arbre, marteaux, miel, sucre, sirop, prune, anneaux, pomme, poire, cerise, raisin, fleurs, grottes, bouleau, fraise, framboise, fruit, melon, vigne, lait, bière, houblon, noyaux, oiseau, ouvrage, ouvriers.

LEÇON 103. — N° 85.

DEVOIR.

Remplacez le tiret par CES ou par SES, suivant le sens.

Louis XVI dit à — bourreaux : « Je meurs innocent. »
Abraham partit de la Chaldée en emmenant — femme, son neveu, — troupeaux et tous — domestiques.

Jacob quitta son beau-père avec — femme — enfants et — troupeaux.

— personnes ont manqué de courage.

— prunes, que nous gardions précieusement pour notre jeune frère, ont été dérobées par — voleurs que les gendarmes viennent d'arrêter.

LEÇON 104. — N°s 86 et 87.

DEVOIR. — INVENTION.

Remplacez le tiret par un adjectif possessif.

Caïn tua — frère. Adam et Ève, pour — désobéissance aux ordres de — Créateur, furent chassés du paradis. — frère (le mien) et — sœur sont mes meilleurs amis. — dictionnaire (le tien) et — géographie sont restés neufs par — soins (les miens). L'enfant a déchiré — veste et — bas (les siens). — amis (les nôtres) viendront nous voir, et ils apporteront — boîte (la nôtre) de couleurs. — serviteur (le vôtre) et — servante ont eu bien soin de — enfants (les leurs).

LEÇON 105. — N°s 88, 89 et 90.

DEVOIR.

Transcrivez l'exercice suivant en passant une ligne sur le cahier ; puis sous les adjectifs numéraux cardinaux, mettez a. n. c., et sous les adjectifs numéraux ordinaux, a. n. o. (Voir pour la disposition la leçon 33.)

Le sou vaut cinq centimes. Un siècle est une durée de cent ans. L'année a douze mois, trois cent soixante-cinq jours et cinquante-deux se-

... Le jour contient vingt-quatre heures, ... vaut soixante minutes et la minute ... secondes. Abel était le deuxième fils ... Adam. La première race de nos rois est celle ... Mérovingiens, la deuxième celle des Carlo... ...giens, et la troisième celle des Capétiens. ... est le sixième. Votre leçon est à la page ... -sept.

LEÇON 106. — N°s 91 et 92.

DEVOIR.

Soulignez les adjectifs qualificatifs.

Mon cher ruisseau, que signifie ton plaintif et continuel murmure? n'es-tu pas heureux? Un ... de sable fin, des bords verdoyants, parés et parfumés de belles fleurs dont les calices brillants te livrent les pleurs du matin, la rosée fraîche et odorante! Les sources timides de la grotte ne sont-elles pas toujours fécondes! Vois leurs perles limpides et pétillantes; et ces arbres qui te rendent avec usure la restaurante fraîcheur que tu dispenses sur ton cours.

LEÇON 107.

Revoir du n° 75 au n° 92 inclus.

DEVOIR. — ANALYSE.

Analysez les mots suivants.

NOTA. — Pour analyser les adjectifs, on en fait connaître l'espèce, le genre et le nombre, et on ajoute : qualifie ou détermine le nom.

Ainsi : quelle belle fleur !

Quelle adj. indéfini, fém. sing., déterm. fleur.
belle adj. qualif., fém. sing., qualifie fleur.
fleur, nom comm., fém. sing.

« Deux livres aux bons élèves.
L'alouette matinale chaque jour.

LEÇON 108. — *Revoir du n° 64 au n° 74 inclus.*

DEVOIR. — ANALYSE.

Analysez les mots suivants.

Son cœur pur ; sa main tremblante ; les douze francs ; la onzième ligne.

LEÇON 109. — *N°ˢ 93 et 94.*

DEVOIR.

Mettez le pluriel dans les adjectifs suivants.

Joli, savant, drôle, commun, paisible, remarquable, énorme, plein, jaseur, malin, bossu, bleu, cruel, superbe, utile, inutile, patient, intelligent, fidèle, noir, blanc, jaune, rouge, petit, grand, jeune, gris, épais, gros, bas, las, heureux, jaloux, malheureux, peureux, joyeux, paresseux, idiot, fidèle, vieux, exquis, délicieux, ras, roux, instruit, clément, amusant, frais.

LEÇON 110. — N°s 95 *et* 96.

DEVOIR.

Mettez le pluriel dans les adjectifs suivants.

Beau, jumeau, nouveau, royal, impérial, vicinal, libéral, méridional, septentrional, oriental, occidental, collatéral, général, pontifical, moral, immoral, infernal, national, décimal, cardinal, ordinal, égal, inégal, rural, musical, partial, impartial, social, original.

LEÇON III. — N°s 93, 94, 95 *et* 96.

DEVOIR. — INVENTION.

Citez : 5 noms de personnes accompagnés d'un adjectif qualificatif.
5 noms d'animaux id. id.
5 noms de choses id. id.

EXEMPLES : Le soldat intrépide. Le chien fidèle. La plante nuisible.

LEÇON 112. — N°s 97 *et* 98.

DEVOIR.

Mettez le féminin dans les adjectifs suivants.

Poli, ami, impoli, patient, impatient, jeune, admirable, grand, petit, domestique, féroce, rare, noir, gris, fort, formé, zélé, dur, pur, court, clément, moral, étroit, durci, droit, bleu,

3.

rayé, nu, demi, suspendu, français, anglais, espagnol, mahométan, rouge, criard, exquis, vert, contrit, écrit, assis, frit, confus.

LEÇON 113.

Revoir du n° 93 au n° 98 inclus.

DEVOIR. — INVENTION.

Trouvez l'adjectif qui provient des noms suivants.

EXEMPLES : *Soit le nom* VICE, *l'adjectif qui en dérive est* VICIEUX ; *soit le nom* TRAVAIL, *l'adjectif est* TRAVAILLEUR.

J'écris donc au lieu de VICE, TRAVAIL.

VICIEUX, TRAVAILLEUR.

Vertu, joie, Paris, vérité, admiration, règlement, théâtre, jour, intelligence, nature, Italie, peuple, préfecture, paresse, travail, vigne, champ, modestie, gourmandise, jeunesse, vieillesse, matin, monstre, grammaire, soin.

LEÇON 114, LEÇON 115.

Interrogations sur les 5 chapitres.

DEVOIRS. *Deux des exercices précédents sur lesquels les élèves ont montré le plus de faiblesse.*

CHAPITRE VI

LEÇON 116. — *N° 99 de la Grammaire.*

DEVOIR.

Les adjectifs sont en italique. Faites-les accorder avec les noms :

NOTA. *Dans la correction, faire analyser chaque adjectif par l'élève qui l'épelle.*

Les jours *suivant*; les travaux *métallurgique*; les cuivres *neuf*; les loyers *payé*; les détails *intéressant*; nos *ancien* métiers; les jours *clair*; les biens *général*; les hommes *criminel*; les partis *républicain*; j'ai entendu plusieurs *bon* orateurs; le pouvoir *exécutif* et les pouvoirs *législatif*; les enfants *nu*, *faible* et *souffrant*; des attachements *excessif*, *aveugle* et *idolâtre*; des amas *accumulé* et *superflu*. Je désire des papiers *blanc* et non des cartons *gris*.

LEÇON 117. — *N° 99.*

DEVOIR.

Faites accorder les adjectifs en italique.

Même travail dans la correction.

Des sentiments *aveugle*; les insectes *seul*; les trois *premier* articles; les vicaires *apostolique*; des succès *inutile*; les conservateurs *littéral* ont fait des efforts *loyal*; des jours *meilleur;* les opinions des *principal* orateurs reçurent de *nombreux* applaudissements. Les quartiers *pauvre* de la ville furent secourus par ces *digne* soldats qui ne sortirent de l'incendie que les vêtements *brûlé* et les cheveux *roussi.*

LEÇON 118. — N° 100.

DEVOIR.

Faites accorder les adjectifs en italique.

Mêmes explications dans la correction.

Cet blouse trop *court* pour *cet* enfant. *Votre* cravate *noir perdu.* La *second* ligne est mieux sue que celle-ci. *Aucun* victoire n'a coûté tant de sang à *cet* nation *puissant.* Une défroque *reluisant.* Dans la chambre *noir,* vous trouverez l'instrument. La règle *ordinaire.* La femme *remarquable, instruit* et même *savant. Cet* créance *récent;* une affaire très-*important.*

LEÇON 119. — N° 100.

DEVOIR.

Faites accorder les adjectifs en italique.

Mêmes explications orales.

L'organisation *judiciaire;* des redites *inutile;* la gauche *républicain;* c'est là une *pauvre* conclusion; la *grand* société; la *petit* société; les sociétés *policé;* la personne *impuissant;*

une *triste* expérience *fait* en *pur* perte; un musique *lointain*; cet fleur *imperceptible*; une *étrange* version; une opinion *libéral*; les factions *monarchique*; les *grand* découvertes; l'armée *musulman*.

LEÇON 120.

Revoir le 1ᵉʳ chapitre, c'est-à-dire du n° 1 au n° 31 inclus.

DEVOIR.

Faites accorder les adjectifs en italique.

Les *trois* races *humain principal répandu* sur le globe *terrestre* sont : la race *blanche*, la race *jaune* et la race *noir*. La race *blanche* occupe le monde *connu* des anciens : l'Europe, la partie *occidental* de l'Asie et la partie *septentrional* de l'Afrique. Ses caractères *distinctif* sont : une peau *blanche* et *rosé* qui brunit dans les pays *chaud*, la tête d'un ovale *correct*, le front *haut* et *vertical*.

LEÇON 121.

Revoir le 2ᵉ chapitre, c'est-à-dire du n° 32 au n° 39 inclus.

DEVOIR.

Faites accorder les adjectifs en italique.

Dans les régions *septentrional*, les hommes de la race *blanche* ont les yeux *bleu*, horizontalement *fendu* en amande, les cheveux *soyeux*, *blond*, parfois *rouge*. Dans les régions *méridional*, au contraire, les yeux et les cheveux sont *noir*, le nez *effilé*, *proéminent*, la bouche *petit* et les lèvres *mince*. Cet race est *intelligent* et marche en tête de la civilisation.

LEÇON 122.

Revoir le 3ᵉ chapitre, c'est-à-dire du nᵒ 40 au nᵒ 51 inclus.

DEVOIR.

Les noms sont au singulier et les adjectifs au masculin singulier.
Donnez-leur la forme du pluriel et du féminin quand il y a lieu.

Les *homme* de la *race jaune* ont la *peau cuivré*, *olivâtre*, *bistré*; le *visage* est *plat* et *carré*; les *œil* sont *long*, *étroit*, obliquement *fendu*; les angles *externe relevé*; les *cheveu noir* et *roide*; le nez *épaté*. Ces *homme* sont *intelligent*, *menteur* et *pillard* au *suprême* degré.

LEÇON 123.

Revoir le 4ᵉ chapitre, c'est-à-dire du nᵒ 52 au nᵒ 63 inclus.

DEVOIR.

Les noms et les adjectifs sont écrits au singulier.
Donnez-leur la forme du pluriel et du féminin quand il y a lieu.

Les *nègre* ont la *peau noir*, *gris*; les *cheveu*

noir et *laineux*; généralement peu de *barbe*; les *pommette saillant*; le *front déprimé*; le *nez large* et *épaté*; la *bouche grand*; les *dent* mal *planté* et plus *haut* que chez les *autre homme*. Les *nègre* sont très-paresseux et moins *intelligent* que les *cuivré* et les *blanc*.

LEÇON 124.

Revoir du n° 64 au n° 74 inclus.

DEVOIR.

Donnez la forme du pluriel aux noms et aux adjectifs, quand il y a lieu.

Les *lion né* sous le *soleil brûlant* de l'Afrique et des Indes sont les plus *fort*, les plus *fier*, les plus *terrible* de tous : nos *loup*, nos *autre animal carnassier*, loin d'être *leur rival*, seraient à peine *digne* d'être *leur pourvoyeur*.

C'est surtout dans les *désert ardent* que se trouvent ces *lion terrible* qui sont l'*effroi* des *voyageur* et les *fléau* des *province voisine*. Nos *beau meuble*; les *frère jumeau*; les *juge impartial*. Ces *festival* ont donné lieu à des *discours jovial*.

LEÇON 125.

Revoir du n° 75 au n° 92 inclus.

DEVOIR.

Donnez, s'il y a lieu, la forme du pluriel et du féminin aux noms et aux adjectifs.

La panthère a des *air féroce*, les *œil inquiet*,

les *regard cruel,* les *mouvement brusque* et le *cri semblable* à celui d'un *dogue en colère;* ses *dent* sont *fort* et *pointu;* ses *ongle aigu* et *dur;* sa peau est semée de *tache noir* et *arrondi en anneau* (pluriel).

Les *chemin vicinal* de *cet* commune sont bien entretenus.

Le Pérou est le *pays natal,* la *vrai patrie* des *lama.*

LEÇON 126.

Revoir du n° 93 au n° 98 inclus.

DEVOIR

Faites accorder les adjectifs en italique.

Je plains les enfants *inquiet* et *soupçonneux.*

Le château est entouré d'un parc et d'un jardin très-*grand.*

La caille et le faisan sont *délicat.*

Cet ferme, dans l'espace de deux mois, a été ravagée par un incendie et une inondation *épouvantable.*

J'ai trouvé un cahier et un journal très-*propre, renfermé* dans une couverture et un buvard *tenu* avec soin, le tout appartenant à Céline et à Louise qui sont *ami* et *voisin.*

LEÇON 127. — N°s 101 et 102.

DEVOIR

Mettez les adjectifs suivants au féminin.

Universel, personnel, rationnel, conditionnel, tel, net, fluet, concret, moyen, citoyen, païen, chrétien, indien, pareil, vermeil, usuel, violet, bon, patron, éternel, muet, complet, incomplet, discret, indiscret, bouffon, sujet, mignon, poltron, mensuel, inquiet, replet, secret.

LEÇON 128. — N°s 103 et 104.

DEVOIR

Faites accorder les adjectifs suivants qui sont tous au masculin singulier.

Nul paix pour l'impie. Deux sœurs *jumeau*. Les ténèbres *épais*. Les *gros* fraises *nouveau*. Les *fou* dépenses. La pâte *mou*. Ces *gentil* historiettes, quoique *vieux*, n'ont pas moins distrait nos *jeune* amis. Une toiture *bas*. Les sept vaches *gras*. Les *sot* créatures. Les personnes *vieillot rendu las* par une course très-longue.

LEÇON 129. — N°s 105, 106 et 107.

DEVOIR

Faites accorder les adjectifs qualificatifs.

La dette *public*; la personne *caduc*; l'histoire *grec*; la *long* pratique; la robe *blanc*; les productions *turc*; la table *oblong*; la pensée *malin*; la saison *bénin*; la musique *favori*; la joie *franc*; la feuille *sec*; l'herbe *frais*; la *beau* toque; une *tel* modification; une *vieux* amitié; la société *industriel*; les fleurs *naturel*; la *nouveau* république; une *fraternel* hospitalité.

LEÇON 130. — *N*ᵒˢ 108, 109, 110 *et* 111.

DEVOIR. — INVENTION.

Mettez devant chacun des noms suivants un article pluriel, et faites suivre le tout d'un adjectif qualificatif.

EXEMPLE : Animal. Les animaux domestiques.

Bêtes, armes, actions, élèves, colères, aveugles, généraux, fleurs, oranges, fusils.

LEÇON 131. — *N*ᵒˢ 112 *et* 113.

DEVOIR.

Faites accorder les adjectifs qualificatifs.

La voix *bref*; les passions *vif*; les âmes *généreux*; les *joyeux* familles; la *doux* chaleur; une *fou* dépense; la barbe *roux*; notre *vieux* amitié; les flèches *aigu*; les phrases *ambigu*; la voix *moqueur*; une amie *consolateur*; une *faux* apparence; l'âme *captif*; la liqueur *doux*; la laine *soyeux*; la substance *pierreux*; la boîte *neuf*; la maison *contigu*; les apparences *trompeur*; la dame *directeur*.

LEÇON 132. — N°s 114 et 115.

DEVOIR. — INVENTION.

Citez : 8 adjectifs exprimant des couleurs.
Ex.: Blanc.

Citez : 8 adjectifs exprimant la forme des corps.
Ex.: Rond.

LEÇON 133. — N° 116.

DEVOIR. — INVENTION.

Faites suivre les noms ci-dessous d'un adjectif qualificatif.

Les voyageurs ; les enfants ; les hommes ; les chrétiens ; les boissons ; les plaisirs ; les amis ; la vie ; les langages ; les résultats

LEÇON 134.

Revoir du n° 101 au n° 116 inclus.

DEVOIR. — INVENTION.

Faites précéder les adjectifs suivants d'un nom en rapport de sens.

Noueux, petit, rouge, long, nu, noir, pénible, grand, large, sévère.

LEÇON 135. — Nos 73, 74 ; 99, 100.

DEVOIR. — INVENTION.

Complétez les phrases suivantes par un adjectif qualificatif exprimant la forme.

Le chat a la tête   , les oreilles   , la queue   . Le cheval a la tête   , la poitrine   , les sabots   . Le bœuf a le front   , les yeux,   la démarche   .

LEÇON 136.

Revoir du n° 75 au n° 92 inclus.

DEVOIR. — INVENTION.

Complétez les phrases suivantes par un adjectif qualificatif exprimant le caractère de l'animal.

Le chat est   . Le bœuf est   . L'âne est   . La fourmi est   . L'abeille est   .

LEÇON 137, LEÇON 138.

Interrogations à la volonté du maître sur tout ce qui précède.

Devoirs facultatifs.

CHAPITRE VII

LEÇON 139.

N°ˢ 117 *et* 118 *de la Grammaire.*

DEVOIR.

Les adjectifs qualificatifs sont au masculin singulier; faites-les accorder avec le nom

Le chêne et le hêtre sont de *grand* arbres *forestier*. Tous les deux ont de *gros* troncs et des couronnes *voûté*. Les racines de l'un et de l'autre sont très-*profond*. Le bois de tous les deux est très-*ferme*. Leurs troncs se divisent en branches et en rameaux. Leur feuillage est *épais* et *veineux*.

Pour les enfants *entêté, désobéissant, paresseux*, il n'est jamais de maîtres assez *sévère*.

LEÇON 140. — N°ˢ 117 *et* 118.

DEVOIR.

Faites accorder les adjectifs qualificatifs, et mettez les noms au pluriel quand il y a lieu.

Les *fleur* du *chêne* et du *hêtre* sont *mince* et *verdâtre*, et s'appellent chatons. Les *fruit* de tous les deux sont des *espèce* de *noix* d'une *moyen grandeur* et mûrissent vers l'*automne*. Tous les deux aiment un *terrain gras*. Ils croissent lentement l'un et l'autre et atteignent un *âge* fort *avancé*.

LEÇON 141. — N°s 119, 120 et 121.
DEVOIR.

Les noms et les adjectifs sont écrits au singulier. Corrigez :

Les *branche* du *hêtre* sont assez *droit*, et *courbé* fort légèrement ; celles du chêne sont tordues en *différent sens*. L'*écorce* du *tronc* du *hêtre* est *entier* et à peu près *lisse ;* celle du *tronc* du *chêne* est *rude, raboteux* et *plein* de *fente*. Les *feuille* du *hêtre* sont *mou* et *tendre*, et presque sans *échancrure*.

LEÇON 142. — N°s 122 et 123.
DEVOIR.

Les noms et les adjectifs sont écrits au singulier. Corrigez.

Les *animal domestique répandus* en *grand nombre* dans *tout* les *contrée* d'Europe sont : les *cheval*, les *âne*, les *mulet*, les *bœuf*, les *mouton*, les *chèvre*, les *porc*, les *chat*, les *chien*, les *poule*, les *oie*, les *canard*, les *dindon* ; les *abeille* abondent presque partout ; les *vers à soie* s'élèvent dans les *région méridional ;* les *renne* rendent d'*immense service* dans les *contrée septentrional*.

LEÇON 143.

Revoir du n° 119 au n° 123 inclus.

DEVOIR. — INVENTION.

Trouvez les adjectifs qui proviennent des noms suivants.

Justice, franchise, république, maladie, nation,

passion, richesse, Pologne, religion, dévotion, sainteté, politesse, respect, prudence, chasteté, zèle, persévérance, Alsace, méfiance, largeur, bonheur, malheur.

LEÇON 144. — N°s 124 et 125.

DEVOIR. — INVENTION.

Trouvez les noms qui proviennent des adjectifs suivants.

Bon, franc, haut, épineux, épais, filial, batailleur, enfantin, beau, mystérieux, traditionnel, printanier, savoureux, utile, terrestre, montagnard, habituel, injuste, juste, délicieux, glorieux, furieux, naturel, artificiel, charitable.

LEÇON 145. — N°s 126, 127 et 128.

DEVOIR. — ANALYSE.

Analysez les mots suivants.

Les raisins délicieux ; mes meilleures amies ; chaque livre nouveau.

LEÇON 146. — N° 129.

DEVOIR. — INVENTION.

Citez : 5 noms exprimant des objets servant au transport des voyageurs, soit par terre, soit par eau ;

5 noms représentant des matières propres à confectionner nos vêtements ;

5 noms exprimant des professions dans lesquelles l'esprit a plus de part que le corps.

LEÇON 147.

Revoir du n° 124 au n° 129 inclus.

DEVOIR. — INVENTION.

Donnez aux noms suivants deux qualités : une bonne et une mauvaise.

EXEMPLE : Fruit. Bon fruit, mauvais fruit.

École, cahier, champ, maison, animal, rue, frère, récolte.

LEÇON 148. — *Revoir du n° 117 au 129 inclus.*

DEVOIR.

Soulignez les pronoms.

Au troisième jour, Jésus-Christ ressuscite : il paraît aux siens qui l'avaient abandonné et qui s'obstinaient à ne pas croire à sa résurrection. Ils le voient, ils lui parlent, ils le touchent, ils sont convaincus.

De ces deux livres, celui-ci est celui que je préfère ; mais acceptes-tu celui-là avec plaisir ?

Mes arbres sont hauts ; mais les vôtres le sont encore davantage ; les uns et les autres cependant ne datent que de quatre ans.

LEÇON 149. — *N°s 130 et 131.*

DEVOIR. — ANALYSE.

Analysez les pronoms en italique.

Il suffit de dire l'*espèce*, le *genre* et le *nombre*. Dans les pronoms *je*, *tu*, *il*, *nous*, *vous, ils, elle, elles, qui,* au lieu du genre, dites la *personne.*

Je jouis d'une bonne santé.
Tu plantes tes arbres.
Il sème sa salade.
Nous arrosons nos fraises.
Vous cueillez des cerises.
Ils étudient attentivement.
J'apporte mes dessins, choisissez *celui qui vous* fera plaisir.
Les montres de Genève sont meilleures que *les nôtres.*
Chez un étranger, *on* ne doit pas *se* permettre d'entrer sans frapper.

LEÇON 150.

Revoir le pluriel des noms, c'est-à-dire du n° 52 au n° 63.

DEVOIR.

Soulignez les pronoms.

Mon père et ma mère viennent me voir. Ils séjourneront une quinzaine de jours dans cette maison qui fait l'angle de la place publique. Je suis heureux de les posséder. Nous irons vous faire visite, si vous voulez bien le permettre. A quel étage demeurez-vous?
Celui qui n'aime que soi est un égoïste.
Voulez-vous changer votre papier pour le mien?
Vous attendez quelqu'un?
Laquelle de vos sœurs est malade?

LEÇON 151.

Revoir le pluriel des adjectifs, c'est-à-dire du n° 93 au n° 96.

DEVOIR. — ANALYSE.

Analysez les pronoms en italique.

Je cours à la ville.
Tu reviens des champs.
Il dresse le tuteur.
Nous vendons nos récoltes.
Vous payez vos dettes.
Ils jouent aux billes.
L'enfant *qui* rit du mal d'autrui a un mauvais cœur.
Celui qui a la conscience pure est bien heureux.

LEÇON 152. — *Revoir le féminin des adjectifs, c'est-à-dire les n°ˢ 97 et 98, et ensuite du n° 101 au n° 115 inclus.*

DEVOIR.

Mettez les noms au pluriel s'il y a lieu, et faites accorder les adjectifs qualificatifs.

Les *principal animal sauvage* que l'on trouve dans presque *tout* les *contrée* de l'Europe, sont : les *sanglier*, les *loup*, les *cerf*, les *chevreuil*, les *daim*, les *renard*, les *lièvre*, les *lapin* ; les *ours* se rencontrent surtout dans les *région septentrional* et les *haut montagne* du *centre* ; l'*isard* et le *chamois* bondissent sur les *cime* des *mont* de la Suisse, des Alpes, des Pyrénées.

LEÇON 153. — N°ˢ 132 et 133.
DEVOIR.

Soulignez les verbes de l'exercice suivant.

Le cheval court. Les élèves sont en vacances. Ces plantes meurent. Ces arbres végètent. Nous marchons vite. Vous travaillez bien. Ils joueront après leur travail. Paul lit peu. Alfred sait sa grammaire. Ève cueillit du fruit, en mangea et en offrit à Adam qui suivit son pernicieux exemple.

LEÇON 154. — N°ˢ 132 et 133.
DEVOIR.

Soulignez les verbes.

Caïn tua le vertueux Abel, puis il voulut cacher son crime au Seigneur qui l'appela et le maudit.
Le taureau mugit. Le cheval hennit. La vache beugle. Le lion rugit. Le cochon grogne. Le chien aboie. Le chat miaule. La souris crie. Le mouton bêle. Le loup hurle. Le renard glapit. Le coq chante. Le pigeon roucoule. L'âne brait. Le corbeau croasse.

LEÇON 155. — N°ˢ 134 et 135.
DEVOIR.

Soulignez les sujets des verbes.

L'hirondelle gazouille. Le hibou hue. Le serpent siffle. La grenouille coasse. Le hanneton bourdonne. La cigale chante. Le tonnerre gronde. L'onde murmure. La flamme pétille. Le paresseux bâille. L'essieu crie. La trompette sonne. La tourterelle gémit.

LEÇON 156. — *N⁰ˢ* 136 *et* 137

DEVOIR. — ANALYSE.

Analysez les sujets. Ils sont en italique.

EXEMPLE POUR UN NOM : Jules récite sa leçon.

Jules, n. prop., masc. sing., suj. de récite.

EXEMPLE POUR UN PRONOM : Tu manges une pomme.

Tu, pron. pers. 2ᵉ pers. du sing., sujet de manges.

L'*homme* ne vivrait pas, *s'il* connaissait l'époque de sa mort.
La *vipère* a le venin dans les dents.
La *jeunesse* regarde en avant.
L'*enfance* est heureuse, parce qu'*elle* sait peu.
La *main qui* n'aime pas le travail produit l'indigence.
Nous nous coucherons tard, et cependant *tu* te lèveras matin.

LEÇON 157. — *Revoir du n° 132 au n° 137.*

DEVOIR. — ANALYSE.

Analysez les sujets. Ils sont en italique.

Les *Francs* habitaient primitivement entre le Rhin et le Weser : *ils* parlaient la langue teutonique *qui* s'est conservée jusqu'à nos jours en Allemagne. Leur *religion* était un paganisme grossier. Les *Francs* avaient en général les cheveux blonds et les yeux bleus. Ces *cheveux* formaient une espèce d'aigrette, puis *ils* retombaient en queue de cheval. Leur *visage* était rasé entièrement, à l'exception de deux moustaches *qui* leur retombaient de chaque côté de la bouche.

LEÇON 158. — *N*ᵒˢ 138, 189 *et* 140.

DEVOIR. — INVENTION.

Citez : 3 noms communs formant leur pluriel régulièrement.
   3 id. terminés par s au sing.;
   3 id. id. x id.
   3 id. id. z id.
   3 id. id. AU
   3 id. id. EU
   3 id. qui changent au plur. AL en AUX.
   3 id. en AIL qui prennent s au plur.
   3 id. en ou id. s id.

LEÇON 159. — *N*ᵒˢ 138, 139 *et* 140.

DEVOIR. — INVENTION.

Citez : 3 noms en AL qui prennent s au pluriel ;
   3 noms en ou id. x id.
   3 noms en AIL faisant leur pluriel en AUX ;
   3 adjectifs qui prennent s au pluriel ;
   3 id. terminés par s au singulier ;
   3 id. id. x id.
   3 id. id. AU id.
   3 id. id. AL et qui changent
         AL en AUX.

LEÇON 160, LEÇON 161.

Interrogations sur tout ce qui précède.
Devoirs facultatifs.

4.

CHAPITRE VIII

LEÇON 162. — *N° 141 de la Grammaire.*

DEVOIR. — INVENTION.

Citez : 4 adj. qui ajoutent un *e* muet au féminin ;
4 adj. terminés par un *e* muet au masculin ;
4   id   *el* au masc. ⎫ qui doublent
4   id.   *eil* id. ⎪ la
4   id.   *en* id. ⎬ consonne
4   id.   *on* id. ⎪ finale
4   id.   *et* id. ⎭ au féminin.

LEÇON 163. — *Nos 142 et 143.*

DEVOIR. — INVENTION.

Citez : 4 adj. terminés par *f* au masculin singulier ;
4   id.   *x* qui changent *x* en *se* au féminin.
4   id.   *er*
4   id.   *teur*, qui changent *teur* en en *trice* ;
4   id.   *eur*, qui changent *eur* en *euse.*
4   id.   *érieur.*

LEÇON 164. — *Nos 144 et 145.*

DEVOIR. — ANALYSE.

Placez les verbes en italique comme pour une analyse, puis indiquez l'infinitif (le nom du verbe), la personne et le nombre de chacun.

EXEMPLE : Je *compte* les bons points que mon maître *m'a donnés.*

Compte, v. compter à la 1re pers. du sing.
A donnés, v. donner à la 3e pers. du sing.

Les Gaulois *savaient* que l'âme *est* immortelle, et que l'homme *recevra*, dans une autre vie, la récompense ou le châtiment de la conduite qu'il *aura tenue* sur la terre. Mais ils ne *connaissaient* pas le vrai Dieu ; ils *adoraient* de fausses divinités dont les principales *s'appelaient* Hésus et Teutatès ; ils *rendaient* un culte superstitieux aux différents objets, et ils *attribuaient* au gui de chêne une vertu surnaturelle.

LEÇON 165. — *Du n° 146 au n° 151 inclus.*

DEVOIR.

Soulignez les verbes.

En corrigeant le devoir, les élèves rendront compte de VIVE VOIX *de la personne et du nombre de chaque verbe.*

Les prêtres des Gaulois s'appelaient Druides ; ils étaient fort respectés ; ils remplissaient en même temps les fonctions de juges. C'étaient eux aussi qui étaient chargés d'instruire la jeunesse. Ils ne permettaient pas à leurs élèves d'écrire, parce que, disaient-ils, en mettant les sciences par écrit, on néglige de les confier à la mémoire.

LEÇON 166. — *N°ˢ 152 et 153.*

DEVOIR.

Comme l'exercice précédent.

Chaque cité était indépendante et se gouvernait comme elle l'entendait ; presque toutes les villes qui de nos jours ont de l'importance, étaient alors le chef-lieu d'un peuple indépendant. Ces divers peuples se faisaient souvent la guerre ou s'unissaient par des alliances; les plus faibles étaient obligés de se soumettre aux plus forts ; de là naissaient des divisions et des haines implacables dont les étrangers profitèrent.

LEÇON 167. — *N^{os}* 154, 155 *et* 156.

DEVOIR.

Écrivez les verbes de l'exercice suivant en passant une ligne dans le cahier. Sur cette ligne, écrivez *t. s.* pour les verbes qui sont à un *temps simple*; et *t. c.* pour les verbes à un *temps composé*.

De tous les palais que la France a vu élever, aucun ne réveille plus de souvenirs que celui de Versailles. A ce mot, se présentent devant nous des milliers de noms illustres ; d'abord c'est celui d'un des plus grands rois qui aient régné, puis celui des Bossuet, des Turenne, des Condé, gloire immense qui exalte l'imagination, l'esprit et le cœur, et concourt à former cette auréole lumineuse dont est entourée la mémoire du grand roi ! Cependant, quelles que soient à cet égard les croyances populaires, Versailles ne doit pas sa fondation à Louis-Quatorze ; en mil six cent vingt-quatre, Louis-Treize, en chassant, s'égare, se dirige vers une petite auberge, rendez-vous des rouliers, s'y installe pour la nuit, puis, trouvant le lieu charmant, mais le gîte incommode, s'y fait bâtir un pavillon ; plus tard, il achète près de là, le manoir d'un gentilhomme et vient s'y établir.

LEÇON 168. — *Du n° 132 à 143 inclus.*

DEVOIR. — ANALYSE

Analysez les sujets en italique.

Voir la leçon 156.

Les *plans* de la nature furent renversés par le déluge; *l'homme* ne put échapper au naufrage général. Mille *torrents* s'écoulaient du flanc des montagnes.
— Des *éclairs* sillonnaient les nues.
— Des *nuages* s'avançaient rapidement.
— *Nous* pouvons travailler convenablement.
— *Tu* as désobéi à tes parents.
— *Vous* serez récompensés de votre bonne conduite.
— *Ils* deviendront meilleurs.
— *J'*appuierai votre proposition.

LEÇON 169. — *Du n° 144 à 156 inclus.*

DEVOIR.

Écrivez les verbes de l'exercice suivant comme il est indiqué à la leçon 167. Distinguez de même les *temps simples* et les *temps composés*.

Si vous voulez vous faire aimer, ne dites jamais de mensonges.
Chérissez vos parents, aimez votre prochain, travaillez avec zèle et Dieu vous bénira.
Que tout en vous respire l'économie.
Pour éviter une foule de maladies, tenez-vous toujours dans une grande propreté.
Saül a désobéi au Seigneur, et, pour le punir, il fut agité d'un esprit malin. Il mourut dans la

guerre qu'il avait déclarée aux Philistins. Dav[id]
lui succéda, agrandit le royaume, et fut affli[gé]
par de grands malheurs domestiques, pour l[es]
fautes qu'il avait commises.

LEÇON 170. — *Du n° 157 à 162 inclus.*

DEVOIR.

Écrivez les verbes de l'exercice suivant et mette[z]
sous chacun d'eux les chiffres 1, 2, 3 ou 4, selon qu'il[s]
sont de la 1re, de la 2e, de la 3e ou de la 4e conju[-]
gaison.

EXEMPLES : Jouait, offrir, cacha, reçut
     1. 2. 1. 3.
perdit.
4.

L'homme change l'état naturel des animaux
en les forçant à lui obéir, et les faisant servir
à son usage : un animal domestique est un esclave dont on s'amuse, dont on se sert, dont on
abuse, qu'on altère, qu'on dépayse et que l'on
dénature ; tandis que l'animal sauvage, n'obéis-
sant qu'à la nature, ne connaît d'autres lois que
celles du besoin et de la liberté. L'histoire d'un
animal sauvage est donc bornée à un petit nombre de faits émanés de la simple nature, au lieu
que l'histoire d'un animal domestique est com-
pliquée de tout ce qui a rapport à l'art que l'on
emploie pour l'apprivoiser ou pour le subjuguer.

Nous rendons à Paul ce qu'il avait reçu de son
frère.

Tu flétris cette fleur que j'avais cueillie pour
ma mère.

LEÇON 171. — Nos 163 et 164.

DEVOIR.

Même travail qu'à la leçon précédente.

La nature cependant ne manque jamais de reprendre ses droits dès qu'on la laisse agir en liberté : le froment jeté sur une terre inculte dégénère à la première année ; si l'on recueillait ce grain dégénéré pour le jeter de même, le produit de cette seconde génération serait encore plus altéré ; et au bout d'un certain nombre d'années et de reproductions, l'homme verrait reparaître la plante originaire du froment, et saurait combien il faut de temps à la nature pour détruire le produit d'un art qui la contraint, et pour se réhabiliter.

LEÇON 172. — *Apprendre jusqu'au conditionnel du verbe* AVOIR.

DEVOIR.

Copiez les 6 premiers temps du verbe *Avoir*.

LEÇON 173.

Apprendre la fin du verbe AVOIR.

DEVOIR.

Copiez le verbe *Avoir* depuis le futur jusqu'au subjonctif.

LEÇON 174.

Apprendre tout le verbe AVOIR *et le n° 165 bis.*

DEVOIR.

Copiez la fin du verbe *Avoir*.

LEÇON 175.

Apprendre la moitié du Verbe ÊTRE.

DEVOIR
Copiez les 6 premiers temps du verbe *Être*.

LEÇON 176.
Apprendre la fin du Verbe ÊTRE.

DEVOIR
Copiez le verbe *Être* du futur au subjonctif.

LEÇON 177.

Apprendre tout le verbe ÊTRE *et le n° 165 bis.*

DEVOIR
Copiez la fin du verbe *Être*.

LEÇON 178. — *Revoir les 4 premiers chapitres, c'est-à-dire du n° 1 au n° 63, mais seulement les questions principales au point de vue de la pratique.*

DEVOIR
Dans l'exercice suivant, distinguez les noms communs par *n. c*; les noms propres par *n. p*; les adjectifs qualificatifs par *a. q.*, et les verbes par *v*.

EXEMPLE : Le mensonge annonce une âme
          n. c.   *v.*   *n.c.*
basse.
a. q.

L'empire de l'homme sur les animaux, est un empire légitime qu'aucune révolution ne peut détruire ; c'est l'empire de l'esprit sur la ma-

...re; c'est non-seulement un droit de nature, ...pouvoir fondé sur des lois inaltérables, mais ...core un don de Dieu par lequel l'homme peut ...connaître à tout instant l'excellence de son ...re.

LEÇON 179. — *Revoir le 5° et le 6° chapitre.*

DEVOIR. — ANALYSE.

Analysez les mots suivants.

ANALYSE D'UN VERBE
IL JOUAIT.

JOUAIT. Verbe jouer à l'imp. de l'ind., 3e pers. sing., 1re conj.

La terre est ronde. Ces fleurs sont jolies. Nous dormons.

LEÇON 180.
Revoir tous les pronoms, c'est-à-dire du n° 117 au n° 131.

DEVOIR.

Distinguez les noms, les adjectifs et les verbes comme dans l'exercice 178.

Cependant parmi les animaux, les uns paraissent être plus ou moins sauvages, plus ou moins doux, plus ou moins féroces : que l'on compare la docilité et la soumission du chien avec la fierté et la férocité du tigre, l'un paraît être l'ami de l'homme et l'autre son ennemi ; son empire sur les animaux n'est donc pas absolu.

LEÇON 181.

Revoir le verbe AVOIR *et le n° 165 bis.*

DEVOIR.

Les noms et les adjectifs sont en italique et au singulier.
Écrivez-les convenablement.

Des *hôte* des *bois*, les *fauvette* sont les pl[us] *nombreux* comme les plus *aimable* : *vif*, *agi*[le,] *léger* et sans cesse *remué*, tous leurs *mouveme*[nts] ont l'air du *sentiment*; tous leurs *accent*, le t[on] de la *joie*. Ces *joli oiseau* arrivent au mome[nt] où les *arbre* développent leurs *feuille* et co[m]mencent à laisser épanouir leurs *fleur*; ils se d[is]persent dans toute l'*étendue* de nos *campagne*[s.]

LEÇON 182. — *Revoir le verbe* ÊTRE.

DEVOIR.

Les noms et les adjectifs sont au singulier.
Écrivez-les convenablement.

Le bœuf a deux corne poli et dirigé de cô[té,] le front plat et large, les œil gros et lourd, [le] mufle large, la mâchoire supérieur privé [de] dent incisive, la langue rude, le corps lourd, [la] taille trapu, un fanon sous le cou, les jambe cou[rte] et robuste, les sabot fendu, la queue long [et] flexible, terminé par une touffe de poil, et [la] démarche lourd.

LEÇON 183, LEÇON 184. — *Révision généra*[le.]

Deux des exercices précédents.

CHAPITRE IX

LEÇON 185. — N°ˢ 167 *et* 168.

DEVOIR.

Soulignez les pronoms.

« Où vas-tu, mon enfant? — Je vais porter [ce] paquet à une dame qui demeure à côté de [l'é]glise. — Mais il est très-lourd pour tes jeunes [ép]aules? — Monsieur, je suis courageux, et mes [par]ents m'ont habitué à la fatigue de bonne heure. [— Ne] préfères-tu donc pas aller à l'école? — Mon[sieu]r, je cours pour ne pas manquer la leçon de [cal]cul qui est la première. Celle-là, voyez-vous, [me] plaît particulièrement. Les devoirs de mes [ca]marades sont bien faits, mais les miens ne [laiss]ent rien à désirer. On distribue tous les ans [des] récompenses, et j'ai eu celle de M. le Maire [l'ann]ée dernière; je veux encore la mériter cette [ann]ée. »

LEÇON 186. — N° 169.

DEVOIR.

Écrivez le radical à la suite du verbe.

EXEMPLES : Jouer, jou; pleurer, pleur; finir,

[M]archer, parler, jaunir, pétrir, dompter, par[tir,] rompre, tondre, pendre, fendre, courir, [man]ger, nager, rouler, étendre, épandre, ré[pan]dre, tordre, filer, planer, réjouir, sourire, [écri]re, maudire, rire, sourire, partir, sentir, [n]ager, geler, peler, niveler.

LEÇON 187.

Apprendre la moitié du verbe CHANTER.

DEVOIR.

Copiez la moitié du verbe *Chanter*.

LEÇON 188.

Apprendre la fin du verbe CHANTER.

DEVOIR.

Copiez la fin du verbe *Chanter*.

LEÇON 189.

Apprendre tout le verbe CHANTER.

DEVOIR.

Distinguez, dans chaque verbe, *la personne*, par 1 pour la 1ʳᵉ personne; par 2 pour la 2ᵉ personne, par 3 pour la 3ᵉ personne, et le *nombre* par p pour le pluriel et par s pour le singulier.

MODÈLE. Nous chantons, ils filent, tu
             1 p.   3 p.
repasses, vous filez.
2. s.   2 p.

Tu devances; vous appelez; ils ignorent; vous souffrez; je récite; tu regardes; ils félicitent; je plane; vous plantez; vous soufflez; je révèle; tu mènes; il flatte; il appelle; ils menacent; vous juriez; tu blasphémais; je prierai; les oiseaux gazouilleront; le voleur se sauvera; les figues seront mangées; les amandes seront conservées; le fruit se gâtait, je l'ai vendu et j'en ai donné le prix aux pauvres.

LEÇON 190.

Revoir le verbe AVOIR *et le verbe* ÊTRE.

DEVOIR.

Mettez les verbes suivants au pluriel. Conservez la même personne.

EXEMPLES : J'avais, nous avions ; tu es, vous êtes.

Je suis, tu as, tu étais, il avait, il fut, tu fus, tu as été, je serai, il aura eu, j'avais eu, j'aurais eu, j'aurais, il eut été, il eut eu, sois, aie, que j'eusse, qu'il ait, qu'il soit, j'ai, il a, il est, tu avais, il aura, il sera.

LEÇON 191. — Nos 172, 173 et 174.

DEVOIR.

Mettez les verbes à l'indicatif présent et faites-les accorder avec le sujet.

Je planter, tu composer, il séjourner, nous parler, vous jouer, ils imiter. Le pauvre manger souvent du pain sec ; nous tomber, vous placer, il siffler ; je reculer, tu détourner, ils pleurer, je gagner, il ronfler, tu passer, nous livrer, je marcher, vous nager, vous jeter, ils moissonner, tu percer. Les chats miauler, les coqs chanter, nous bêcher, vous récompenser, le sage se contenter de peu.

LEÇON 192. — Nos 175, 176 et 177.

DEVOIR.

Mettez les verbes à l'imparfait de l'indicatif, en les faisant accorder en nombre et en personne.

Je louer, tu prêter, il former, vous rouler,

vous chercher, ils trouver, vous témoigner de la reconnaissance à votre mère qui aura soin de vous. L'agneau bêler, le taureau beugler, pardonner les injures. Tu n'oublier pas tes obligations envers tes supérieurs. Nous désirer vous voir heureux. Ils disposer d'une somme pour les pauvres. Les oiseaux voler au-dessus de nos têtes. Tu donner du pain à ce chien.

LEÇON 193. — N°s 178 et 179.
DEVOIR.

Mettez au passé défini.

J'amener mes malles au hameau. Tu réciter une fable. Il féliciter ses frères. Nous témoigner notre mécontentement. Vous payer vos dettes. Il lancer le bateau. Le pays célébrer sa délivrance. Les villes illuminer de joie. Daniel prouver l'innocence de la chaste Suzanne. Salomon immoler mille victimes. J'accepter à dîner. Vous parler en classe. Tu deviner ma pensée. Vous chagriner votre sœur. Ils louer leur appartement.

LEÇON 194.

Revoir le pluriel des noms et des adjectifs c'est-à-dire du n° 52 au n° 63 et du n° 9. au n° 96.

DEVOIR. — INVENTION.

Complétez les phrases suivantes par un nom précédé ou suivi d'un adjectif qualificatif.

Dans la correction, dites de vive voix à quel temps est le verbe.

Ex.: J'ai donné à Jules trois.

J'écris : J'ai donné à Jules trois grosses pommes.

Je le prête quatre
Nous louerons six
Je t'invite à la campagne pour huit
Il éprouve les symptômes d'une
J'ai récolté dix-huit
J'achèterai deux
Il habite le
Nous commanderons trois

LEÇON 195.

Revoir le féminin des adjectifs, c'est-à-dire les n°s 97, 98, et ensuite de 101 à 116.

DEVOIR. — INVENTION.

Mettez les verbes au passé indéfini et complétez les phrases par des adjectifs dont les finales sont indiquées :

Nous fermer la porte... (1 adj. en *érieur*).
Je garder cette robe quoique... (2 adj. terminés au masculin par un *e* fermé).
Nous sauver cette jeune fille... (2 adj. terminés au masculin par un *x*).
Vous assister à une cérémonie... (2 adj. terminés au masculin par *ant*).
Il vous jugera pour des personnes... (2 adj. terminés au masculin par un *f*).

LEÇON 196.

Revoir les adjectifs déterminatifs, c'est-à-dire du n° 75 au n° 92.

DEVOIR. — INVENTION.

Mettez le verbe au futur et remplacez le tiret par un adjectif déterminatif de l'espèce indiquée.

Je donner — (adj. démonstr.) dictée pour — (adj. indéf.) la classe.

Nous nous lasser de — (dém.) amusements.
Le professeur désigner — (num. c.) de — (a[dj.] poss.) meilleurs élèves pour l'accompagner à [la] ferme.
Il écouter plutôt les conseils de — (adj. pos[s.]) parents.
Tu assurer l'avenir de — (poss.) enfants.
Vous raconter — (dém.) histoire aux — (indé[f.]) amis qui viendront nous voir.

LEÇON 197.
Revoir du n° 117 au n° 123 inclus.
DEVOIR.

Mettez au passé antérieur, puis au plus-que-parf[ait] de l'indicatif les phrases suivantes.

Je filer, tu tricoter, il relier, nous placer, vo[us] manger, il refuser, les enfants blesser le chi[en] en jouant de la sorte. Nos maîtres nous gronde[r]. Il troubler l'école, vous déchirer vos cahiers.

LEÇON 198.
Revoir du n° 124 au n° 131 inclus.
DEVOIR. — INVENTION.

Mettez le verbe au conditionnel et remplacez le [mot ti]ret par un pronom de l'espèce indiquée.

Il avoir cette part qu'il vouloir encore — (p[r.] dém.)
Cette visite à — (pr. relat.) je ne m'atten[dais] pas, me procurer une grande satisfaction.
Je ranger vos livres si vous ne brisiez — (p[r.] poss.)
Votre main exécuter cet ouvrage si — (pers[.]) était plus exercée.
Paul et Jules ne se détester pas — (ind). s'i[ls] savaient ce que l'on dit d'eux.

LEÇON 199.

Apprendre la moitié du verbe FINIR.

DEVOIR.

Copiez la moitié du verbe *Finir*.

LEÇON 200.

Apprendre la fin du verbe FINIR.

DEVOIR.

Copiez la fin du verbe *Finir*.

LEÇON 201.

Revoir le verbe CHANTER *et le verbe* FINIR.

DEVOIR.

Mettez au passé première forme, puis au passé deuxième forme.

Je patiner, tu semer, il fumer, nous parfumer, vous acquitter, il dénoter, je punir, tu définir, il polir, nous bannir, nous pétrir, ils chérir. Les serpents siffler. Le sang rougir, la lune pâlir, l'abeille butiner.

LEÇON 202.

Revoir les verbes ÊTRE *et* AVOIR.

DEVOIR.

Mettez au subjonctif présent.

Que j'avoir, que tu être, qu'il planer, que nous agir, que vous jaser, qu'ils emplir. Il est nécessaire que nous obéir aux volontés de nos parents, que vous embellir votre cour, que Jules aimer le travail, que je ne trahir pas mon serment, que tu accorder une permission, qu'ils être raisonnables, qu'ils plier leur caractère aux exigences de la vie et que Gaston et Eugène restèrent bons amis.

LEÇON 203.

Revoir les 6 premiers temps de chacun des 4 verbes ETRE, AVOIR, CHANTER, FINIR.

DEVOIR.

Mettez à l'imparfait du subjonctif.

Il fallait que je chanter, que tu réussir, que tu écouter, qu'il marcher, que nous approcher, que vous arrêter, qu'ils trouver.

Il faudrait que je finir, que tu pétrir, qu'il choisir, que nous agir, que vous punir, qu'ils enrichir.

Je ne voudrais pas que les hommes blasphémer, que les enfants parler à l'école, qu'il jouer au lieu de travailler, que nous flatter leurs défauts, que vous épeler votre leçon, qu'ils bégayer en parlant. J'exigerais que les domestiques obéir, que le contre-maitre avertir l'ouvrier, que tu arrondir cette pièce de fer.

LEÇON 204.

Revoir du futur au subjonctif présent des 4 verbes.

DEVOIR.

Mettez au passé, puis au plus-que-parfait du subjonctif.

Que je piétiner, que tu réussir, qu'il labourer, que nous rougir, que vous transporter, qu'ils noircir, que l'enfant écouter, que les élèves obéir, que nous ranger les livres, que vous prier lieu, que j'approfondir la question, que les ouvriers finir leur journée.

LEÇON 205. — *Fin des 4 verbes.*

DEVOIR. — INVENTION.

Trouvez le verbe des phrases suivantes et écrivez au Présent de l'Indicatif.

Je . . . . . . bien malade.
Tu . . . . . une bonne note.
Il . . . . . . une jolie romance.
Nous . . . . notre page d'écriture.
Vous . . . . de jeunes arbres.
Ils . . . . . . la terre pour l'ensemencer.
Paul . . . . la porte.
Tu . . . . . . les morts.
Je . . . . . . dans mon entreprise.
Paul et Louis . . . . le pas.

LEÇON 206, LEÇON 207.

Interrogations sur le verbe et exercices de conjugaison.

DEVOIR.

2 des devoirs précédents.

CHAPITRE X

LEÇON 208.

Apprendre la moitié du verbe RECEVOIR.

DEVOIR.

Écrire la moitié du verbe *Recevoir*.

LEÇON 209.

Apprendre la fin du verbe RECEVOIR.

DEVOIR.

Écrire la fin du verbe *Recevoir*.

LEÇON 210.

Apprendre tout le verbe RECEVOIR.

DEVOIR. — INVENTION.

Remplacez le tiret par un verbe de la 3ᵉ conjugaison qui soit en rapport de sens avec le reste de la phrase, et écrivez-le à l'Indicatif présent.

J' ou je — un oiseau sur la branche.
Tu — un beau projet.
Il — un obstacle à cette entreprise.
Nous — très-bien nos leçons.
Vous — dix francs à mon oncle.
Ils — venir nous faire visite.
Les jeunes enfants ne — pas clair.
Le pauvre — besoin du riche, et le riche lui-même — besoin du pauvre.

LEÇON 211.

Apprendre la moitié du verbe RENDRE.

DEVOIR.

Écrire la moitié du verbe *Rendre*.

LEÇON 212.

Apprendre la fin du verbe RENDRE.

DEVOIR.

Ecrire la fin du verbe *Rendre*.

LEÇON 213. — *Revoir tout le verbe* RENDRE.

DEVOIR. — INVENTION

Remplacez le tiret par un verbe de la 4e conjugaison qui soit en rapport de sens avec le reste de la phrase, et écrivez-le à l'Indicatif présent.

Je te — cette corde pour t'aider à monter.
Tu — du bois pour allumer le feu.
Il — ses brebis, mais il ne les écorche pas.
Nous — notre patrie menacée.
Vous — votre pain sans faire de miettes.
Ils — toujours de vos nouvelles.
On — les oiseaux dans la forêt.
Je — Dieu à témoin de cette vérité.
Les cultivateurs — leurs travaux le dimanche.

LEÇON 214.

Revoir le verbe RECEVOIR *et le verbe* RENDRE.

DEVOIR.

Mettez les verbes à l'Indicatif présent.

Je percevoir, tu voir, il concevoir, nous apercevoir, vous décevoir, ils devoir. Je prendre, tu vendre, il rendre, nous tordre, vous attendre, ils être.

Les enfants devoir attendre pour agir, les ordres de leurs parents.

L'homme pouvoir tout ce qu'il vouloir, dire un proverbe.

Les chiens de bergers mordre les passants.
Paul perdre toujours en jouant.
Je rire, tu rire, il rire, nous rire, vous rire, ils rire.

LEÇON 215.

Apprendre jusqu'au futur chacun des 6 verbes modèles, c'est-à-dire ETRE, AVOIR, CHANTER, FINIR, RECEVOIR *et* RENDRE.

DEVOIR.

Mettez les verbes à l'Imparfait de l'indicatif.

Je redevoir, tu percevoir, il décevoir, nous savoir, vous prévaloir, ils revoir.

Je morfondre, tu croire, il boire, nous répandre, vous reconnaître, ils combattre.

Tu avoir raison. Tu ne savoir pas profiter de tes succès. Alfred et Georges voir le précipice. Il pleuvoir. Je vouloir l'impossible. La distance faire supposer l'erreur. Nous être en colère. Ces pommes paraître mûres. Chacun vivre de son métier. Vous descendre l'escalier du grenier.

LEÇON 216.

Apprendre du futur au subjonctif des 6 verbes modèles.

DEVOIR.

Mettez au Passé défini les verbes suivants.

Je rompre, tu vendre, il répondre, nous tordre, vous défendre, ils confondre.

J'apercevoir, tu recevoir, il concevoir, nous décevoir, vous percevoir, ils vouloir.

Les ennemis nous attendre à la sortie du bois. Chaque fois que vous recevoir une politesse, vous la rendre. Dieu entendre sa prière. Noé maudire son fils. L'âne dire : Je tondre de ce pré la largeur de ma langue. Nous tendre des lacets et nous prendre trois de ces oiseaux.

LEÇON 217.

Apprendre la fin de chacun des 6 verbes modèles

DEVOIR.

Mettez les verbes au Futur.

Je laver, tu rassembler, il louer, nous oublier, vous plier, ils presser.

Je languir, tu partir, il mentir, nous sentir, vous vous repentir, ils sortir.

Je savoir, tu pourvoir, il devoir, nous percevoir, vous concevoir, ils recevoir.

Je peindre, tu feindre, il teindre, nous astreindre, vous sourire, ils rire.

Les loirs dormir six mois. La foudre ne tomber pas sur le clocher. Je fermer les portes. Tu retenir ton histoire. Nous confondre les méchants, j'espère que vous n'être pas du nombre. Tu vaincre par ce signe.

LEÇON 218. — N°s 182 et 183 *de la Grammaire.*

DEVOIR.

Mettez les verbes au Conditionnel présent.

Je renverser, tu ramasser, il troubler, nous jardiner, vous percer, ils partager.

Je ternir, tu noircir, il rougir, nous confir, vous salir, ils pourrir.

Je recevoir, tu devoir, il apercevoir, nous concevoir, vous avoir, ils décevoir.

Je vendre, tu suspendre, il craindre, nous mettre, vous battre, ils paraitre.

Je lui dire deux mots. Tu le prévenir. Il apprendre, s'il étudiait. Nous chasser ensemble. Vous fuir promptement. La chèvre et la brebis franchir la clôture. Tous, nous devoir boire plus d'eau que de vin.

LEÇON 219. — N°s 184 et 185.

DEVOIR.

Mettez les verbes à l'Impératif.

Placer soigneusement ton cahier. Mes enfants, n'insulter personne ; être au contraire polis envers tout le monde. Travailler mieux tes devoirs. Aider-nous les uns les autres. Souvenir-toi de sanctifier le jour du Sabbat. Ouvrir nos cœurs à l'espérance. Tenir votre parole. Voir ta faute. Avoir soin des auteurs de nos jours. Concevoir bien notre plan. Coudre ton cahier. Dire quelque chose qui vaille mieux que ton silence, ou taire-toi.

LEÇON 220. — N°s 186, 187 et 188.

DEVOIR.

Mettez les verbes au Subjonctif présent.

Que je recevoir, que tu apercevoir, qu'il concevoir, que nous décevoir, que vous avoir, qu'ils percevoir.

Que je pendre, que tu vendre, qu'il tendre, que nous répandre, que vous attendre, qu'ils entendre.

Il ne faut pas toujours que les enfants rire, que je devoir sans cesse de l'argent, que vous interrompre à chaque instant, que tu prendre une plume pour t'amuser, que vous ne savoir pas vous tenir en société, ni que Jules être grossier envers ses amis, mais il est nécessaire, au contraire que nous devenir plus raisonnables à mesure que nous grandirons.

LEÇON 221. — N°s 189 et 190.

DEVOIR.

Mettez à l'Imparfait du subjonctif.

Que j'attendre, que tu entendre, qu'il suspendre, que nous vendre, que vous défendre, qu'ils confondre.

Que j'apercevoir, que tu concevoir, qu'il percevoir, que nous devoir, que vous redevoir, qu'ils avoir.

Il fallait que j'abattre mon mur, que tu pouvoir te passer de ta mère, qu'il reconnaître ses torts, que nous paraître satisfaits, que vous prendre soin de vos animaux, qu'ils mourir en paix.

LEÇON 222. — N°s 191, 192, 193 et 194.

DEVOIR.

Mettez les phrases suivantes au pluriel.

L'enfant ne vit pas seulement de pain. La chaleur mûrit les moissons. L'âne aime les chardons. Le loir dort tout l'hiver. L'écureuil se nourrit de noisettes. Dans huit jours, le rosier fleurira. J'écrirai demain à mes amis ; je les inviterai à venir jeudi, je leur promettrai des joujoux et je tiendrai parole. Le capital donnait un bon revenu. Il faut que je sème pour récolter, que tu obtiennes la première place, qu'il ne mente pas ; il faudrait que je priasse Dieu souvent, que le gouvernement perçût les impôts et que tu payasses ta part.

LEÇON 223.
Revoir du n° 182 au n° 194 inclus.
DEVOIR.
Mettez les phrases suivantes au pluriel.

Le tribunal a jugé la question. L'étoile scintillait au ciel. Le calcul fut exact. Le prophète annonça la venue de Jésus-Christ. Le capitaine eût parlé et le soldat eût obéi. Le fils avait succédé à son père. L'écrivain peindra les mœurs du temps quand il aura sérieusement examiné toutes les classes de la société. Le fleuve disparaîtrait sous cette voûte et reparaîtrait pour procurer la richesse à ces belles contrées. Ne salis pas tes doigts. Entends nos cœurs, et exauce nos prières !

LEÇON 224.
Revoir le 4e, le 5e et le 6e chapitre.
DEVOIR.
Mettez les phrases suivantes au singulier.

Ceux qui jouent d'un instrument à cordes travaillent à la fois de la main et de l'intelligence. Les apôtres furent témoins de plusieurs miracles. Les disciples du Sauveur le suivaient pour connaître sa sublime doctrine. Vous devriez bien me rendre ce service. Vous conçûtes ce plan après beaucoup de recherches. N'interrompez pas l'orateur. Défendez votre patrie. Les mauvais élèves obligèrent le maître à agir avec sévérité.

LEÇON 225.
Revoir le 7e chapitre, n° 117 à n° 140.
DEVOIR.
Mettez les phrases au singulier.

Les princes recevront une instruction solide : ils pourront par la suite traiter toutes les questions d'État. N'oubliez pas, enfants, que les fautes dont vous vous rendez coupables, même quand elles échappent aux hommes, recevront une punition de Dieu. Les Barbares envahirent l'Europe et la France au IVᵉ et au Vᵉ siècle. Les druides emportèrent leur savoir lorsqu'ils disparurent de notre contrée. Les poules grattent les terres pour se procurer les vers qu'elles renferment.

LEÇON 226.

Revoir le 8ᵉ chapitre, nᵒ 141 à nᵒ 166.

DEVOIR. — INVENTION.

Donnez un complément direct à chacun des verbes suivants.

EXEMPLE : J'écris.
METTEZ : J'écris une lettre.

Je trace . . . . Je nourris . . . .
Tu jettes . . . . Il corrige . . . .
Paul a conduit . . . . . Ernest plante . . . . .
Le maître a puni . . . Les amis ont décoré .
Nous avons achevé . . Vous peindrez . . . . .
Eve cueillit . . . . Jacob avait conçu . . .

LEÇON 227.

Revoir le 9ᵉ chapitre, nᵒ 167 à nᵒ 179.

DEVOIR. — INVENTION.

Donnez à chacun des verbes suivants un complément direct exprimé par un nom féminin, et accompagnez ce nom d'un adjectif que vous ferez accorder selon la règle.

En vous rendant à l'école, ayez toujours les (—)
Vous avez marché dans la boue et vous avez les —
A Compiègne, Jeanne d'Arc voulant rentrer la dernière trouva — et fut prise par les Bourguignons.
L'évêque Cauchon n'obtint de Jeanne d'Arc au pied du bûcher que cette — : Je meurs par vous.
Jonathas, fils de Saül, avait juré à David une —
Les troupes remporteront une —.

LEÇON 228.

Revoir le 10ᵉ chapitre, n° 180 à n° 194.

DEVOIR. — INVENTION.

Complétez chacune des phrases suivantes par un nom qui sera complément indirect.
Dans la correction, analysez de *vive voix* les compléments indirects.

Clovis gagna la bataille de —.
Laissez toujours fermée la porte de —.
L'homme sage est toujours content de —.
Les protestants se défendirent à La Rochelle avec un courage digne d'une —.
Abel fut tué par —.
Tous les premiers hommes ont péri par —.

LEÇON 229, LEÇON 230.

Interrogations sur tout ce qui précède.

DEVOIR.

Deux des devoirs précédents.

CHAPITRE XI

RÉCAPITULATION

LEÇON 231. — N°s 195 et 196 de la *Grammaire*

DEVOIR.

Tous les noms sont écrits au singulier. Corrigez.

En France, les rivière sont très-poissonneuses : on y trouve surtout des carpe, des brochet, des anguille, des truite, des barbillon, des saumon dans les grands fleuve ; des écrevisse dans un grand nombre de cours d'eau. Sur les côte, on pêche les sardine, les merlan, les sole, les maquereau ; les thon et les anchois dans la Méditerranée ; les homard, les langouste, les crevette sur les côte de Bretagne.

Vos jeu ne doivent pas passer avant vos travail. Ces festival avaient été organisés pour procurer du pain aux malheureux.

Trois petits clou et six bijou.

LEÇON 232. — N°s 197 et 198.

DEVOIR.

Tous les noms et les adjectifs sont écrits au singulier. Corrigez.

Entre le Rhin et les Vosges se trouvent des colline riche en vignoble, des champ fertile, des prairie qui nourrissent de nombreux troupeau et des cheval estimé. Les produit de cette région sont : des grain, du chanvre, du tabac, de la garance ; de la bière, de la choucroute, des jambon, des pâté ; de l'horlogerie, de l'armurerie, de la vannerie, des poterie, des toile peint.

Mille fleur émaillaient les tapis vert.
Les bambou sont des roseau qui croissent dans les Indes.
Les amiral ; les sérail ; les soupirail ; les œil.

LEÇON 233.

Revoir du n° 195 au n° 198 inclus.

DEVOIR.

Mettez le pluriel dans les noms quand il y a lieu, et faites accorder les adjectifs qualificatifs.

Les partie connu de l'Australie présentent des montagne élevé, des plaine aride et sablonneux, des forêt vierge immense, sur lesquelles la culture fait chaque jour de nouveau conquête. Les île offrent des aspect varié et enchanteur, une végétation luxuriant qui fait éclore des fleur sur les branche chargé de fruit mûr, une température délicieux, un climat très-salubre. Dans les région situé sous l'équateur, des pluie périodique et des brise de mer modèrent les chaleur tropical.

LEÇON 234. — N°ˢ 199 et 200.

DEVOIR.

Corrigez les fautes dans les noms et dans les adjectifs.

La France a la forme d'un hexagone irrégulier, dont trois côté sont baignés par des mer. Elle présente des site très-varié : des plaine fertile et des lande inculte ; des colline verdoyant et des montagne aride ; de riant vallon et des ravin sauvage ; des fleuve majestueux et des torrent rapide. A l'ouest, des dune mouvant, des plaine désert; plus bas, une côte peu élevé, bordé de marais salant; au nord-ouest, un littoral accidenté par de nombreux baie bordé de rocher, et la péninsule couvert en plusieurs endroit par des ajonc, des bruyère et des genêt.

LEÇON 235. — Nos 199 et 200.

DEVOIR.

Corrigez les fautes dans les noms et dans les adjectifs.

Sur les côte de la Manche, on trouve : de Brest au Hâvre, un pays tourmenté par des vallon et des colline, qui sont les ramification des mont d'Arrée, puis les riche paturage de la Normandie ; du Hâvre à la Somme, des falaise escarpé, des champ bien cultivé, des colline peu élevé ; de la Somme à Dunkerque, des dune mouvant, de riche campagne sillonné de nombreux cours d'eau. Au nord : des plaine fertile, de faible montagne et de vaste forêt.

LEÇON 236. — Nos 201 et 202.

DEVOIR.

Corrigez les fautes dans les noms et dans les adjectifs.

A l'est, sur les frontière, on voit : les mont du Jura, les plaine uni et fertile qu'arrose la Saône, les riche coteau de la Côte-d'Or, l'imposant chaîne des Alpes de laquelle descendent des cours d'eau rapide, des torrent impétueux.
Au sud, sur les côte de la Méditerranée : de Nice à l'embouchure du Rhône, des site pittoresque, des rive généralement élevé, de nom-

breux cap, des presqu'île, des golfe ; du Rhône aux Pyrénées, un littoral couvert de nombreux étang.

LEÇON 237. — Nos 201, 202 et 203.

DEVOIR.

Corrigez les fautes des noms et des adjectifs.

Au centre : les plaine riant de la Touraine, surnommé le Jardin de la France ; des coteau couvert de vigne et de bouquet d'arbre, des plaine riche en céréale et desquelles s'élancent d'innombrable peuplier ; les champ fertile, mais un peu monotone du Berry ; les mont volcanique de l'Auvergne.

La France jouit d'un des climat les plus tempéré du globe. L'air y est généralement pur et sain ; on n'a qu'accidentellement à y redouter les tempête, les pluie torrentiel, les brouillard permanent qui désolent d'autre contrée.

LEÇON 238. — Nos 204 et 205.

DEVOIR.

Faites accorder les adjectifs déterminatifs.

Mon maître m'a prêté cet plume et cet encrier pour copier quatre fois tout la leçon. Ce ou cet beurre si frais vient d'Issigny. Les enfants doivent honorer leur père et leur mère, aimer leur frères et leur sœurs et ne jamais dire du mal de leur camarades. L'officier obtint la permission de garder son ou sa épée. Jacob aperçut, sur une échelle mystérieuse, le Dieu de ces ou ses pères. Ces ou ses bœufs que vous voyez là-bas vont au pâturage. Jésus-Christ choisit douze

— 97 —

nôtres. Tout les enfants de Job furent tués le même jour. Ces personnes méritent de tel leçons.

LEÇON 239. — N°ˢ 204, 205.

DEVOIR.

Faites accorder les verbes et mettez-les au temps indiqué.

Les productions naturelles de la France être (ind. prés.) très-variées. Les meilleurs bœufs se trouver (ind. pr.) dans la Normandie. Le meilleur beurre se faire (ind. pr.) dans le Calvados. Les meilleurs fromages venir (ind. pr.) de l'Aveyron. L'Alsace, la Lorraine, le Béarn fournir (ind. pr.) des porcs excellents. L'Auvergne et le Limousin élever (ind. pr.) beaucoup de mulets. Le maïs prospérer (ind. pr.) dans le centre et dans le Midi de la France. Les vins les plus renommés provenir (ind. prés.) de la Bourgogne, du Bordelais et de la Champagne. Les orangers ne réussir (ind. pr.) qu'au sud de la Durance. On extraire (ind. pr.) du plomb de la Bretagne.

LEÇON 240. — N°ˢ 206, 207 et 208.

Mettez les verbes à l'*Indicatif présent* et faites-les accorder avec le sujet.

L'amitié faire le charme de la vie. Les poissons respirer l'eau comme nous respirer l'air. Nous devoir le respect aux vieillards. Les nageoires des poissons avoir des pointes dures et sèches qui fendre l'eau sans en être imbibées. Les oiseaux aquatiques avoir aux pattes de grandes peaux qui s'étendre et qui faire des raquettes à leurs pieds. Les bêtes féroces posséder des dents et des griffes qui leur servir d'armes terribles pour dévorer les autres animaux.

LEÇON 241.

Revoir le verbe, le sujet et le complément.

DEVOIR.

Mettez les verbes au temps indiqué, et faites-les accorder avec le sujet.

Quiconque lire (futur) l'Évangile avec attention y découvrir (futur) à tout moment des choses admirables. Ne faire (impératif) pas à autrui ce que vous ne vouloir (condit.) pas qu'on vous faire (imp. du subj.), Tout tomber (ind. pr.), tout périr (ind. pr.), tout se confondre (ind. pr.) autour de nous. Les Anglais et les Français signer (passé défini) la paix : ces deux peuples se fatiguer (imp. ind.) d'une guerre si ruineuse qui durer (imp. ind.) depuis plusieurs années. Crésus posséder (imp. ind.) de grandes richesses. Jésus-Christ pleurer (passé déf.) sur Jérusalem. Saint Pierre renier (passé déf.) son divin Maitre ; alors le coq chanter (passé déf.) et le disciple se ressouvenir (pas. déf.) de ce qui lui être (plus-que-parf. ind) dit.

LEÇON 242.

Le verbe RECEVOIR *et le verbe* RENDRE.

DEVOIR.

Mettez au singulier les phrases suivantes.

Les communes représentent une association d'intérêts ; elles possèdent des propriétés ; elles font des dépenses ; elles ont des revenus ; elles plaident ; elles transigent ; elles reçoivent ; elles s'imposent ; elles supportent toutes les charges d'une communauté, et doivent jouir de tous ses avantages. Les maires choisissaient des secréstaires, pourvoyaient à tous les services et les conseils délibéraient. Les juges rendaient la justice. Les populations se lamentèrent en apprenant les dégâts que les eaux avaient causés partout. Les frères de Joseph revinrent à la ville. Nous avions trouvé ces objets. Vous eussiez ordonné une enquête. Ils avaient compris le travail.

LEÇON 243.
Le verbe ÊTRE *et le verbe* AVOIR.

DEVOIR.

Mettez au singulier les phrases suivantes.

Les justes souffriront de voir la conduite des impies. Ces malheurs n'arriveraient pas avec plus de prudence. Les zouaves avaient traversé les rangs ennemis, y avaient jeté l'épouvante et eussent délivré la place si un second corps d'armée n'était venu les cerner de nouveau. Vous sortirez demain. Vous rentriez sans bruit. Il faut que vous agissiez avec sévérité, que vous disiez la vérité et que nous partagions notre pain avec les pauvres. Il faudrait qu'ils vinssent recevoir mes ordres.

LEÇON 244.
Le verbe CHANTER *et le verbe* FINIR.

DEVOIR.

Mettez les phrases suivantes au pluriel.

L'herbe de la vallée bénit le Seigneur, l'insecte bourdonne ses louanges, l'éléphant le salue au lever du jour, l'oiseau le chante dans le feuillage, la mer déclare son immensité, l'homme seul a osé dire:

LEÇON 248.

Du pronom et des 5 sortes de pronoms.

DEVOIR.

Même travail.

On part en joyeuse cohorte,
Et comme de petits vauriens :
On se bouscule, on frappe aux portes,
On fait aboyer tous les chiens.
Quand vers le bois la bande arrive,
Déjà plus d'un songe au retour,
La gaieté n'est plus aussi vive,
Et l'on chante à l'écho d'alentour :
Dans cette saison printanière,
Pour contenter notre désir,
Faire l'école buissonnière,
Non, non, ce n'est pas un plaisir.

LEÇON 249.

Du Verbe, du Sujet et du complément.

DEVOIR.

Même travail.

Hélas ! bientôt survient l'orage !
Chacun est mouillé jusqu'aux os.
Il faut revenir, on enrage,
On se dit en baissant le dos :
Mon père qui travaille vite
Pour payer mon instruction
Se fâchera, car je mérite
Une bonne correction.
Malgré la saison printanière,
Malgré les fleurs et le zéphir,
Faire l'école buissonnière,
Non, ce n'est pas le vrai plaisir.

LEÇON 250. — N° 172 *au* n° 179 *inclus.*

DEVOIR. — ANALYSE.

Faire l'analyse suivante. (Pour les mots invariables dire simplement leur nature, c'est-à-dire *adverbe, préposition, conjonction* ou *interjection.*)

Le département du Vaucluse, situé dans la vallée du Rhône, tire son nom d'une fontaine justement célèbre.

LEÇON 251. — *Revoir le 11ᵉ chapitre.*

DEVOIR. — ANALYSE.

Faire l'analyse suivante.

Les Génois cédèrent la Corse à la France en l'année mil sept cent soixante-huit. Elle forme un seul département.

LEÇON 252, LEÇON 253.

Théorie et pratique à volonté.

TABLE DES MATIÈRES

CHAPITRE Iᵉʳ

EXERCICES D'APPLICATION	EXERCICES D'INVENTION	EXERCICES D'ANALYSE
Les Devoirs 1, 2, 3, 4, 5, 6, 7, 8, 9, 10, 11, 12, 13, 14, 15, 16, 17, 18, 19, 20, 21 .		

CHAPITRE II

Les Devoirs 24, 25, 28, 29, 30, 31, 32, 33, 34, 35, 36, 37, 38, 39, 40, 41, 42, 43, 44 .	Les Devoirs 26, 27. .	

CHAPITRE III

Les Devoirs 48, 49, 50, 51, 55, 56, 57, 62, 63, 66 .	Les Devoirs 47, 52, 53, 64, 65	Les Devoirs 54, 58, 59, 60, 61, 67.

CHAPITRE IV

CHAPITRE IV

Les Devoirs 70, 71, 72, 73, 74, 75, 76, 77, 78, 79, 80, 81, 82, 83, 84, 85, 86, 89, 90, ... | Le Devoir 87 | Le Devoir 88.

CHAPITRE V

Les Devoirs 93, 94, 96, 97, 98, 99, 100, 101, 103, 105, 106, 109, 110, 112. | Les Devoirs 102, 104, 111, 113. | Les Devoirs 95, 107, 108.

CHAPITRE VI

Les Devoirs 116, 117, 118, 119, 120, 121, 122, 123, 124, 125, 126, 127, 128, 129, 131. | Les Devoirs 130, 132, 133, 134, 135, 136.

CHAPITRE VII

Les Devoirs 139, 140, 141, 142, 148, 150, 152, 153, 154, 155. | Les Devoirs 143, 144, 146, 147, 158, 159. | Les Devoirs 145, 149, 151, 156, 157.

CHAPITRE VIII

EXERCICES D'APPLICATION — Les Devoirs 165, 166, 167, 169, 170, 171, 172, 173, 174, 175, 176, 177, 178, 180, 181, 182.

EXERCICES D'INVENTION — Les Devoirs 162, 163.

EXERCICES D'ANALYSE — Les Devoirs 164, 168, 179.

CHAPITRE IX

Les Devoirs 185, 187, 188, 189, 190, 191, 192, 193, 197, 199, 200, 202, 203, 204. | Les Devoirs 194, 195, 196, 198, 205.

CHAPITRE X

Les Devoirs 208, 209, 211, 212, 214, 215, 216, 217, 218, 219, 220, 221, 222, 225. | Les Devoirs 210, 213, 226, 227, 228.

CHAPITRE XI

Les Devoirs 231, 232, 233, 234, 235, 236, 237, 238, 239, 240, 241, 242, 243, 244, 246, 247, 248, 249. | Les Devoirs 230, 251.

SOUS-PRESSE
Pour paraître vers le 1ᵉʳ Novembre.

TRAVAIL ET PARESSE
allégorie judiciaire en 3 actes
par M. PION DE HERSANT
Chef d'Institution au Grand-Montrouge.

Ce charmant travail, vrai chef-d'œuvre du genre, et qui convient aussi bien aux Institutions de jeunes filles qu'aux garçons, a été représenté, avec le plus grand succès, par les petits pensionnaires de M. Pion de Hersant, dans son Institution, le 17 août 1873, devant plus de 500 spectateurs. C'est ce qui a déterminé l'éditeur à le publier et à en faire le premier ouvrage d'une série de petites pièces qui composeront le

PETIT THÉATRE DES INSTITUTIONS ET DES FAMILLES

Nous accueillerons avec bonheur tout ce qui nous serait présenté comme étant de nature à en pouvoir faire partie.

Brochure in-12. — Prix : 50 cent.
Par 15 (autant que de personnages) .... 5 fr.
Musique des couplets .... 1 fr.

DU MÊME AUTEUR, pour paraître au 1ᵉʳ Janvier.

RÉCRÉATIONS GÉOGRAPHIQUES
FANTAISIE PATRIOTIQUE, POÉTIQUE ET AMUSANTE

Nous ne voulons pas déflorer, par une analyse, un ouvrage d'un incontestable mérite, d'une originalité sans pareille. Il faut lire pour l'apprécier et qui, lu, s'impose. Possédé par tous, sème l'instruction et le rire, le patriotisme et arrache les larmes.

On nous dit et nous le répétons : ce livre n'a pas son pareil.

Brochure in-12 illustrée de 90 gravures.
Édition de luxe . . 3 fr. 50
Édition ordinaire . 2

À LA MÊME LIBRAIRIE

PAPETERIE & FOURNITURES CLASSIQUES

Papiers en rames de tous formats et de toutes qualités.
Cahiers d'écoliers de tous formats,
— d'écriture (toutes les méthodes),
— d'arithmétique réglés et imprimés,
— de verbes,
— de Tenue des livres.
Brochures unies, marbrées et gaufrées (pouvant porter le nom de l'Institution ou de l'École).
Corrigés (de tous formats) marbrés et gaufrés (avec écusson au nom de l'Institution ou de l'École).
Papiers à lettres et enveloppes.
Plumes et porte-plumes.
Crayons, règles, encres, encriers.
Cartons-pesée et cartons à dessin.
Articles de dessin et de mathématiques.

PAPETERIE DE FANTAISIE

Feuilles et cahiers de concours et de récompenses en tous genres : ornés, gaufrés, dentelle, etc.

ARTICLES POUR RÉCOMPENSES

Croix, images (tous les genres), bons points.
SPÉCIALITÉ. — Bons points monétaires pour récompenses, et tenue des livres, représentant toutes les monnaies françaises : or, argent, bronze.
Feuille or et feuille argent sur in-4° raisin.
Feuille bronze, sur 1/2 raisin, aux mêmes prix.

GRANDE SPÉCIALITÉ DE LIVRES
POUR DISTRIBUTION DES PRIX
(Demander les Catalogues détaillés)

Imp. Noizette et Dufour, faub. Saint-Antoine.

A LA MÊME LIBRAIRIE :

LE COURS COMPLET
D'Enseignement Élémentaire
RÉDIGÉ D'APRÈS LE
PROGRAMME DES ÉCOLES PUBLIQUES
Du Département de la Seine

COMPRENANT :

1° Instruction religieuse et Histoire sainte.
2° Grammaire française (Théorie*).
3°　　Id.　　Id.　　(Exercices*).
4° Arithmétique et Système métrique avec Exercices et Problèmes.
5° Histoire de France.
6° Géographie.
7° Le Premier Atlas (17 Cartes écrites et muettes).
8° Le Premier Livre de Récitation (Exercices de mémoire).
9° La Lecture par l'Écriture.
10° Lecture et Copie (Caractères romains et cursive.)

On peut aussi se procurer à la même Librairie

LE TRÉSOR DE L'ENFANCE
COURS D'ENSEIGNEMENT ÉLÉMENTAIRE
Par H. HURÉ et J. BRARE

COMPRENANT :

1° 1re Histoire sainte, illustrée de 12 grands sujets.
2° 1re Histoire de France, illustrée de 12 grands sujets.
3° 1er Livre d'Or, Lectures courantes, illustré.
4° Vie de Jésus-Christ.
5° Première Géographie.
6° Petite Géographie-Atlas.
7° 1re Grammaire française avec Exercices.
8° 1re Arithmétique, avec Exercices et Problèmes.
9° Petite Algèbre des écoles primaires, par A.-F. DAIX.
10° 1re Géométrie appliquée, par WARLUZEL.

(*) Ces deux volumes se vendent aussi *cartonnés en un seul.*

Imp. Dufour, faub. Saint-Antoine, 159

www.ingramcontent.com/pod-product-compliance
Lightning Source LLC
Chambersburg PA
CBHW070250100426
42743CB00011B/2204